explora!

Heft 3

Catull
Schreiben zwischen Hass und Liebe

C.C. Buchner Verlag • Bamberg

Herausgegeben von Thomas Doepner, Marina Keip und Antje Sucharski

Heft 3 Catull – Schreiben zwischen Hass und Liebe
wurde bearbeitet von Roswitha Czimmek und Antje Sucharski

Zu dieser Lektüre sind erhältlich:

- Digitales Lehrermaterial **click & teach** Einzellizenz, WEB-Bestell-Nr. 432131

Weitere Lizenzformen (Einzellizenz flex, Kollegiumslizenz) und Materialien unter www.ccbuchner.de.

Bildnachweis
akg-images – S. 5; - / Andreas Stinsky – S. 28; - / Bernhard Bonnefon – S. 4; - / Index, Heritage Images – S. 9 • Bridgeman Images / Photo © Christie's Images – S. 32; - / Photo © Christie's Images, Private Collection – S. 6 • Drew Fulton Photography, Orlando – S. 5 • Fotolia / lisakolbasa – Cover; - / © nanomanpro – S. 5 • Getty Images Plus / iStock Editorial, Hermsdorf – S. 44; - / iStock Editorial, tanuha2001 – S. 8, 26, 27, 38; - / iStockphoto, lefym Turkin – S. 6; • mauritius images / Alamy Stock Photo, rvlsoft – S. 19, 35 • shutterstock / Andrea Berg – S. 31 • Antje Sucharski, Dresden – S. 7.
Sammelfolie "Quid ad me" - akg-images / De Agostini Picture Library • Sammelfolie "Spektrum der Gefühle" - akg-images

1. Auflage, 2. Druck 2025
Alle Drucke dieser Auflage sind, weil untereinander unverändert, nebeneinander benutzbar.
Dieses Werk folgt der reformierten Rechtschreibung und Zeichensetzung. Ausnahmen bilden Texte, bei denen künstlerische, philologische oder lizenzrechtliche Gründe einer Änderung entgegenstehen.

Redaktion: Katrin Brogl
Illustrationen: Theresa Sucharski
Layout und Satz: ideen.manufaktur | bochum
Umschlaggestaltung: tiff.any GmbH
Druck und Bindung: Brüder Glöckler GmbH, Wöllersdorf

produktsicherheit@ccbuchner.de
www.ccbuchner.de

ISBN 978-3-661-43203-8

Inhaltsverzeichnis

Salvete, cari lectores,

„Schreiben zwischen Hass und Liebe" – ein fesselndes Thema, so alt wie die Menschheit selbst.

Die Gedichte, die in dieses Lektüreheft aufgenommen sind, versuchen dir ein Bild des antiken Dichters Catull zu vermitteln, der im 1. Jh. v. Chr in äußerst unruhigen Zeiten lebte und für sich einen eigenen Weg suchte, mit alten Traditionen und neuen Ideen umzugehen. Dabei schuf er Texte, die bis heute Einfluss auf Kunst und Literatur haben. Vielleicht entdeckst du in den carmina Catulls einige deiner eigenen Gedanken, Gefühle ...

Vor dir liegt ein **Arbeitsheft!** Also: Schreibe hinein, strukturiere, markiere farbig, ergänze, ... und kommentiere deinen Arbeitsprozess.

Es gibt dabei folgende Arbeitsbereiche, die durch Farben und Symbole voneinander abgetrennt sind.

1. **Einführungskapitel** und abschließende **Interpretationsaufgaben** am Anfang und Ende des Heftes geben den „Roten Faden" der Lektüre vor.
2. **Texterschließung:** Als Einstieg in den Text helfen dir Texterschließungsaufgaben, rasch einen ersten Ein- und Überblick zu erhalten.
3. **Übersetzungsfragen:** Für die Detailübersetzung gibt es zur Wiederholung und Vertiefung der Grammatik und des Wortschatzes Aufgaben, die begleitend erledigt werden können. Das kann zu Hause oder während des Unterrichts in freien Arbeitsphasen geschehen. Deine Lehrerin oder dein Lehrer geben dir sicher Tipps, welche Aufgaben für dich geeignet oder wichtig sind. Was und wie viel übersetzt werden soll, entscheiden die Lehrerin oder der Lehrer.
4. **Interpretation:** Die Interpretationsaufgaben dienen einerseits dazu, den Text besser zu verstehen, aber auch zu überlegen, ob die Themen heute noch aktuell sind. Darüber hinaus möchten wir dich anregen, selbst kreativ zu werden und zu schreiben.

Sammelfolien: Für den Gesamtüberblick gibt es Sammelfolien, die herausgenommen werden können und begleitend – zum Beispiel nach jedem Gedicht oder nach den einzelnen Sequenzen – ausgefüllt werden sollten.

Kompetenz-Checkpoints In Puncto: Hiermit kannst du deinen Lernfortschritt überprüfen und dir selbst neue Aufgaben vornehmen, um am Ende den größten Gewinn zu haben.

Wir wünschen dir viel Erfolg und würden uns freuen, wenn du erkennst, wie viel Spaß es machen kann, sich mit der lateinischen Dichtung Catulls zu beschäftigen.

Catull – ein Dichter in unruhiger Zeit I

Gajus Valerius Catullus wurde um 84 v. Chr. in Verona geboren. Er stammte aus einer begüterten und angesehenen Familie aus dem Ritterstand. Catulls Vater, der gute Kontakte zu Gajus Julius Cäsar hatte, schickte seinen Sohn in jungen Jahren nach Rom, denn dieser sollte dort die Ämterlaufbahn (cursus honorum) *antreten und als* vir vere Romanus *der* gens Valeria *zu Ansehen verhelfen.*

Catull war in eine stürmische Zeit voller Umbrüche hineingeboren. In Rom waren damals uns heute noch bekannte Größen versammelt: Gajus Julius Cäsar trieb unaufhörlich seine politische und militärische Karriere voran, trat in Wettstreit mit seinem Gegner Pompejus, Cicero stieg als homo novus *zum Konsul auf und vertrat die römischen Prinzipien gegen Revoluzzer wie Catilina oder Clodius. Es kam zwischen den einzelnen nach Macht strebenden Persönlichkeiten zu Auseinandersetzungen, die terroristische Ausmaße annahmen und in Straßenkämpfen endeten.*

[...] dass sie äußerst heftig zur Tücht[...] entflammt werden, wenn sie Bilder der A[...] (Wachs- bzw. Totenmasken – imagines – a[...] gestellt im Atrium) betrachten würden. [...] Feuer werde den herausragenden Männe[...] durch die Erinnerung an die Taten der Ahnen [...] ihrer Brust entfacht. (Sallust, *Iugurtha* 4, 5)

Und so befielen infolge des Reichtums Verschwendungssucht und Habgier zusamme[n] mit Hochmut die Jugend. [...] Man raffte, ver[...]prasste, [...] begehrte fremdes Gut. [...] Dies[...] Menschen schienen ihren Reichtum als Spie[l]zeug zu verschwenden. Eine nicht geringe[...] Lust nach Unzucht, Völlerei und übrigem L[u]xus war aufgekommen: [...] zu Lande und z[u] Wasser wurde alles für die Speisekarten zusammengesucht. (Sallust, *Catilina* 12, 13)

I1 Rom 50 v. Chr. – zwischen Tradition und neuem Denken

a) Skizziere die Grundhaltung eines typischen vir vere Romanus, eines „echten Römers". Verbinde dabei die Darstellung des Sallust mit dir bekannten Wertbegriffen, z.B. virtus, honor, fides, dignitas, magnitudo animi.

b) Aber Sallust schreibt auch, dass mit der Vergrößerung des Weltreichs neue gesellschaftliche Entwicklungen eintraten, die sich auf alle künstlerischen Bereiche auswirkten. Dies zeigte sich besonders im privaten Lebensbereich. Vergleiche die alte mit der neuen Situation.

c) Die Worte von Sallust sind nicht der Tageszeitung von gestern entnommen. Aber sie sind fast genauso aktuell. Verfasse einen Artikel über Werte, der morgen in der Tageszeitung erscheinen könnte.

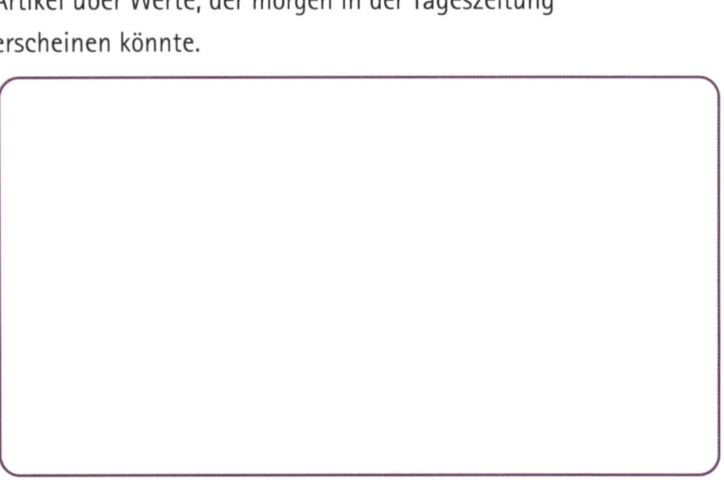

Bankettszene aus Pompeji

Catull im Kreis seiner Dichterfreunde

Doch Catull hatte andere Vorstellungen von seinem Leben. Eine politische Karriere war nicht das Richtige für ihn, zudem war er finanziell unabhängig. Er schloss sich einem Klub von jungen, gut gebildeten Männern an, die sich nicht anpassen wollten, sondern die gerne Party machten und dem Wein nicht abgeneigt waren. Sie trafen sich regelmäßig in kleinen Kreisen, um sich gegenseitig Gedichte vorzutragen, die sie selbst verfasst hatten. Ihr Ziel war es, auf intelligente, gebildete Weise zu provozieren und gleichzeitig zu amüsieren. Es ging um ein Spiel mit Sprache und Stilmitteln, um Verfremdung bekannter Dichtung und um zweideutige Anspielungen, wie du im Laufe deiner Lektüre erfahren wirst; denn die Persönlichkeit Catulls ist den Forschern nur anhand seiner Gedichte bekannt.

I2 Catull – ein vir vere Romanus? 

a) Catull besucht das Haus eines Freundes aus der römischen High Society und betrachtet die zahlreichen imagines. Formuliere einen inneren Monolog.

Nachempfundene Wachsmasken

b) Wie hältst du es mit der Tradition? Welche (alten) Werte sind für dich noch wichtig? Eine kurze Notiz für dein Facebook-Profil genügt.

Die römischen Patrizier von altem Schrot und Korn (wie z.B. Cicero) nannten diese jungen Leute poetae novi, *die Literaturwissenschaft gab ihnen eine andere Bezeichnung:*

Der Kreis der **Neoteriker**, der sich an der griechischen Literatur orientierte, inspirierte Catull besonders. Er schuf Gedichte, die zwar wegen ihrer ausgefeilten Form auffielen, aber bei den traditionalistischen Römern als nugae, als Kleinigkeiten, abgetan wurden. Catull nahm mit der Veröffentlichung das Wagnis in Kauf, an der altrömischen Konvention zu scheitern. In dieser Zeit musste ein Dichter großen Mut aufbringen, um die Generationshürde zu überspringen.

Schreiben zwischen Hass und Liebe I

Als Catull ca. 23 Jahre alt war, begegnete er der großen Liebe seines Lebens, Clodia Pulcher, der Frau des amtierenden Konsuls. Diese Liebesbeziehung mit ihren Höhen und Tiefen inspirierte Catull zu zahlreichen, sehr emotionalen Gedichten. Seine Geliebte besingt er als Lesbia. Dazu verwendete er eine neue Form von Versen, die bis dahin in Rom nicht üblich waren.

John Reinhard Weguelin, Lesbia, 1878

Clodia (geb. um 90 v. Chr., gest. nach 44 v. Chr.), die in antiken Quellen als sehr schön, ungewöhnlich reizvoll, modern, selbstbewusst und emanzipiert, literarisch und musisch gebildet, aber auch als äußerst unmoralisch geschildert wird, war mit Quintus Caecilius Metellus Celer (gest. 59 v. Chr.), einem einflussreichen Politiker aus einer alten patrizischen Familie verheiratet. Nach dem plötzlichen Tod ihres Mannes blieb Clodia Witwe. Sie unterstützte ihren Bruder Publius Clodius Pulcher in seinen politischen Aktivitäten bis zu dessen Ermordung 52 v. Chr. Clodius veranlasste u.a., dass Cicero ins Exil gehen musste. Dies hatte zur Folge, dass Cicero Clodia in einigen seiner Reden stark verunglimpfte, indem er ihr zahlreiche Liebschaften und sogar Inzest mit ihrem Bruder vorwarf.

Vermutlich für diese Clodia erfand Catull das Pseudonym **Lesbia**, denn es lassen sich einige Parallelen zwischen Clodia und Lesbia ziehen. Lesbia bedeutet „Frau bzw. Mädchen von Lesbos", „Muse von Lesbos", „sapphische Muse". Sappho, eine griechische Dichterin (ca. 630–570 v. Chr.), lebte und dichtete auf der Insel Lesbos. Sie wurde zum Vorbild zahlreicher Literaten. Daraus ergeben sich mehrere Deutungsmöglichkeiten: Der Name verdeutlicht, dass einerseits Catulls Geliebte eine seine Dichtung inspirierende Muse ist und dass andererseits Catull sein Liebeserlebnis auf der Vorlage sapphischer Verse schildert.

I3 Nenne die Namen berühmter Liebespaare. Formuliere deine Erwartungen an die Lovestory zwischen Lesbia und Catull.

Lesbia / Clodia dürfte die Beziehung 58 v. Chr. beendet haben. Vielleicht um darüber hinwegzukommen, trat Catull mit einigen anderen eine Reise an, um den Freund C. Memmius Gemellus in die Provinz Bithynien (am Schwarzen Meer) zu begleiten. 54 v. Chr. wird in der Literaturwissenschaft als Todesjahr Catulls angesehen.

Dialog mit einem Dichter

14 Warum Gedichte?

Von Catull sind ausschließlich Verse erhalten, die ihn schon zu Lebzeiten bekannt gemacht haben. Seine Dichtung wirkt so, als sei sein ganzes Leben in seinen carmina „verdichtet".

Fragen über Fragen – wer von den beiden stellt welche? Verbinde die Kästen mit der entsprechenden Person. Kannst du auf einige Fragen eine Antwort geben? Welche Fragen hast du selbst?

15 Via Catullo

Führe ein Lesetagebuch und gestalte so im Verlauf der Lektüre deine eigene Catull-Ausgabe. Besorge dir ein weißes Heft, überlege dir ein Gesamtkonzept und arbeite parallel zur Lektüre oder nach jedem Schwerpunkt an deinem Lesetagebuch. Nutze dazu auch die Ergebnisse deiner Sammelfolien.

Aus dem Inhaltsverzeichnis

- Titelblatt
- Catull – wer ist das?
- Textauswahl mit Übersetzung (aus jedem Schwerpunkt mindestens zwei Texte)
- Warum habe ich den Text ausgewählt? (eine Rezension, ein Brief an Catull, ein WhatsApp-Dialog, ein Rap, eine Nachdichtung ...)
- Catull – wer ist das für mich? (Highlights, Tiefpunkte, Einsichten, Lieblingszitate ...)

Text 1 Gegen das Establishment – carmen 50

T1 Du berichtest deinem Freund, der krank im Bett liegt, in einer WhatsApp von der Party, bei der du am Samstagabend warst.

Hesterno, Licini, die otiosi
multum lusimus in meis tabellis,
ut convenerat esse delicatos.
Scribens versiculos uterque nostrum
ludebat numero modo hoc modo illoc,
reddens mutua per iocum atque vinum.
Atque illinc abii tuo lepore
incensus, Licini, facetiisque,
ut nec me miserum cibus iuvaret
nec somnus tegeret quiete ocellos,
sed toto indomitus furore lecto
versarer, cupiens videre lucem,
ut tecum loquerer simulque ut essem.
At defessa labore membra postquam
semimortua lectulo iacebant,
hoc, iucunde, tibi poema feci,
ex quo perspiceres meum dolorem.
Nunc audax cave sis, precesque nostras,
oramus, cave despuas, ocelle,
ne poenas Nemesis reposcat a te.
Est vemens dea: Laedere hanc caveto.

hesternus gestrig • C. Licinius Calvus (Dichterkollege Catulls) • ōtiōsus entspannt • lūdere (lūdō, lūsī, lūsum) spielen • tabella • dēlicātus vergnüglich, ausgelassen •

versiculus •

numerus *hier* Versmaß • hōc illōc = hūc...illūc •
mūtuus gegenseitig • iocus Scherz •
illinc von dort • lepōs, ōris *m* Anmut, Liebreiz • facētiae •

quiēs, quiētis *f* Ruhe • ocellus •

indomitus wild •

dēfessus völlig erschöpft •

sēmimortuus *Prädikativum* halbtot •
lectulus • poēma •

audax, ācis frech • cavē <ut> *m. Konj.* •
dēspuere auf etwas spucken •

Nemesis Göttin der (gerechten) Vergeltung • repōscere = pōscere •
vēmēns = vehemēns • cavētō = cavē

T2 Ein Erlebnis hinterlässt Spuren

Gliedere das Gedicht. Achte dabei auf Konnektoren und Tempora.

V. 1-6	
V. 7-13	
V. 14-17	
V. 18-21	

T3 Eine Party mit Freunden (V. 1–6)

a) Hier siehst du ein Bild von einem römischen Gastmahl, an dem zwei Personen teilnehmen. Beschrifte diese Abbildung mit passenden Textbelegen.

b) Vergleiche die Abendveranstaltung von Catull mit deinen eigenen Erlebnissen aus T1.

T4 Und nach der Feier (V. 7–17)?

Prüfe die Aussagen und begründe deine Entscheidung mit dem Text.

	😁	😮
Das lyrische Ich verlässt die Party in bester Laune.		
Witz und Aussehen des Gastgebers haben es dem lyrischen Ich angetan.		
Das lyrische Ich wirft sich im Bett herum.		
Es freut sich wahnsinnig auf den nächsten Tag und das Wiedersehen.		
Am meisten aber auf die neuen Gedichte des Gastgebers.		

T5 Der Spaß geht weiter, sonst ... (V. 18–21)

Untersuche, wovor sich der Gastgeber in Acht nehmen soll. Zeige durch Belege am Text, wie das lyrische Ich die Aussagen sprachlich-stilistisch unterstreicht.

Ü1 Partizipialkonstruktionen

Das carmen enthält zahlreiche Partizipialkonstruktionen, die sich auf das lyrische Ich beziehen. Übersetze und probiere dabei verschiedene Varianten – wörtlich, Relativsatz, Adverbialsatz – aus.

(V. 4) **scribens versiculos uterque nostrum**	
(V. 6) **reddens mutua**	
(V. 8) **tuo lepore incensus**	
(V. 12) **cupiens videre lucem**	

Ü2 ut

Kreuze an.

	ut *m. Ind.* (wie)	ut *m. Konj.* (final: damit)	ut *m. Konj.* (konsekutiv: sodass)
(V. 3) **... ut convenerat <nos> esse delicatos**			
(V. 9) **... ut nec me miserum cibus iuvaret**			
(V. 13) **... ut tecum loquerer simulque ut <tecum> essem**			
(V. 20) **... ne poenas Nemesis reposcat**			

Verse übersetzen leicht(er) gemacht – Markieren als Schlüssel zum Erfolg

I. Grobstruktur überblicken

1. Prädikate unterstreichen.
2. Satzreihe oder Satzgefüge? Satzgefüge: Einkreisen der Konjunktionen und Subjunktionen oder des Relativpronomens (Pfeil zum Bezugswort). Auf die Verbindung der Satzreihen achten.

II. Feinstruktur ermitteln

1. Subjekt (oft Wortblock mit Adjektivattribut, Genitivattribut oder Apposition!) unterstreichen.
2. Objekt/e (Akkusativ- und Dativobjekt meist auch als Wortblock!) identifizieren.
3. Hyperbata farbig markieren. Achtung: In der Dichtung stehen Wortblöcke – insbesondere Substantiv und Adjektivattribut in KNG-Kongruenz – häufig getrennt voneinander, gelegentlich sogar über die Versgrenze hinaus.
4. angehängtes -que: Dies kannst du durch ein vorgestelltes (!) „et“ ersetzen! simulque = et simul

III. Anwendungsbeispiel aus dem Text (V. 14-17)

at defessa labore membra [postquam] semimortua lectulo iacebant,

hoc, iucunde, tibi poema feci, [ex quo] perspiceres meum dolorem.

I1 Catull und Licinius Calvus – viri vere Romani? 

Die römische Geschlechterordnung – Wann ist ein Mann ein Mann?

Es bestehen Unterschiede zwischen unserer gegenwärtigen westlichen und der antiken Auffassung von dem, was Männlichkeit ausmacht. Männlichkeit war im Rom Catulls nicht selbstverständlich, sondern man musste sich dieses Prädikat erst erwerben. Vir genannt zu werden, durfte nur ein freier römischer Bürger erwarten. Dazu bedurfte es bestimmter Machtinstrumente, um z.B. als Oberhaupt einer familia, als Besitzender, Politiker oder Inhaber eines militärischen Ranges virtus als höchste römische Tugend an den Tag zu legen. Als unmännlich galt auch – was durchaus verbreitet war –, von einem Mann geliebt zu werden oder als Mann in einer Beziehung den untergeordneten oder passiven Part zu spielen. Sexuelle Beziehungen wurden dementsprechend durch Machtverhältnisse definiert. Die Frage lautete (auch im Bett): Wer ist aktiv und mächtig, wer ist machtlos und passiv? Begriffe wie homo- oder heterosexuell waren der Antike fremd. So entstand ein Männerbild, das einen nach außen hin harten und überlegenen Mann forderte, der seine Gefühlsregungen nicht zeigte.

a) Licinius' Vater kommt während der Party nach Hause und haut mit der Faust auf den Tisch ... Formuliere seine Standpauke.

b) Stelle dar, wie deine Eltern reagieren würden, wenn sie während dieser Party nach Hause kommen, und warum.

c) In carmen 50 konntest du dir ein erstes Bild vom Dichter Catull machen. Entwirf das Gedicht Catulls, das in dieser Nacht entstand.

Text 2 Gegen das Establishment – carmen 1

T1 Wie viele moderne Bücher beginnt Catulls Gedichtsammlung mit einem Vorwort in Form eines Widmungsgedichts. Du kennst bereits Grundzüge der Lebenswelt Catulls und seiner Dichterfreunde. Formuliere deine Erwartungen auf der linken Buchseite.

Cui dono lepidum novum libellum
arida modo pumice expolitum?
Corneli, tibi: Namque tu solebas
meas esse aliquid putare nugas
iam tum, cum ausus es unus Italorum
omne aevum tribus explicare cartis,
doctis, Iuppiter, et laboriosis.
Quare habe tibi, quidquid hoc libelli
qualecumque: Quod, o patrona virgo,
plus uno maneat perenne saeclo!

lepidus anmutig, zierlich • libellus 🕮 •

āridus trocken • pūmex 🕮 • expolīre glätten • Cornēlius Nepōs *(90–30 v. Chr.; römischer Historiker; Freund Catulls)* • aliquid esse etwas wert sein • nugae *f Pl.* (poetische) Scherze •

Ītalī *m Pl.* Bewohner Italiens • aevum (ewige) Zeit • explicāre ausbreiten, erklären • carta 🕮 • doctus gelehrt • labōriōsus mühevoll •

habē tibi behalte (es) als Eigentum! • hoc libellī <*sit*> dies (an) Büchlein • quāliscumque *vgl.* quī-cumque • patrōna virgō (schützende Jungfrau) Muse • perennis ewig • saec<*u*>lum

T2 Der Adressat

a) Lies das Gedicht mehrmals. Stelle die Namen der „Personen" zusammen, die Catull in diesem Widmungsgedicht anspricht.

Wem widmet Catull also sein Buch? ______________________

b) Gliedere das Einleitungsgedicht unter Beachtung der Satzzeichen, Konnektoren und Prädikate. Formuliere dann Zwischenüberschriften für die einzelnen Abschnitte.

Vers	Konnektoren, Prädikat, Satzzeichen	Überschrift

Ü1 Wortschatzarbeit

a) Recherchiere zu folgenden römischen Utensilien und notiere Stichpunkte.

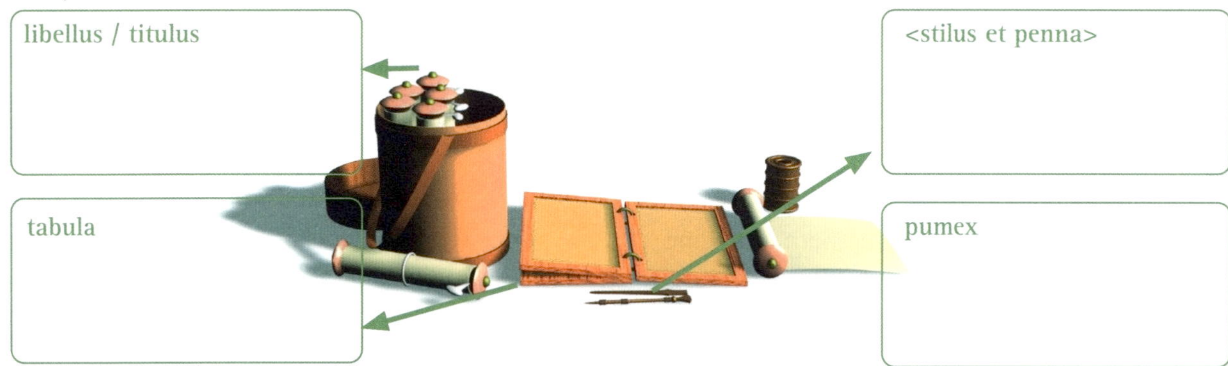

b) Markiere im Text Formulierungen zum Sachfeld „Buch“. Notiere auch die passenden Attribute.

I1 Der Beschenkte und der Dichter

Arbeite aus carmen 1 die Aussagen zu Cornelius Nepos und seinen Werken und zu Catull und dessen Werk heraus. Zeige Gegensätze und Gemeinsamkeiten.

Aussagen über Nepos und seine Werke	Aussagen über Catull und seine Werke

I2 Ein klassisches Vorwort / Widmungsgedicht?

a) Vergleiche deine Erwartungen an ein Vorwort mit deinen Erfahrungen bei der Lektüre von carmen 1. Notiere deine Überlegungen auf der rechten Buchseite von T1.

Die **Neoteriker** bzw. poetae novi verfassten eher kurze Gedichte, die besondere Sorgfalt in der Wahl des Ausdrucks und der Anwendung zahlreicher Stilmittel – kurz der Modellierung des Ganzen – ermöglichten. Man war stolz darauf, an den Werken lange Zeit zu arbeiten und sich mit dieser Perfektion das Lob der Kenner zu erwerben. Dazu kommt das Spiel mit tradierten Formen, die Freude an Experiment und Variation. Natürlich wollten die Dichter auch ihre Gelehrsamkeit und Bildung erweisen, sodass sie z.B. auch entlegene Mythenversionen in ihre Dichtung einbezogen.

b) Zeige, dass carmen 1 das komplette Programm der Neoteriker enthält, indem du die angegebenen Vokabeln angemessen übersetzt. Fasse die Informationen zusammen.

lepidus		expolire	
libellus novus		nugae	
pumex arida		putare aliquid esse	

Text 3 Gegen das Establishment – carmen 29

T1 In der politischen Satire (z.B. heute-show, Jan Böhmermann usw.) werden häufig Politiker kritisiert. Vielleicht hast du schon einmal solche Sendungen gesehen oder siehst dir eine bei YouTube an. Notiere, welche Punkte häufig angeführt werden und welche Strategie die Kritiker verwenden.

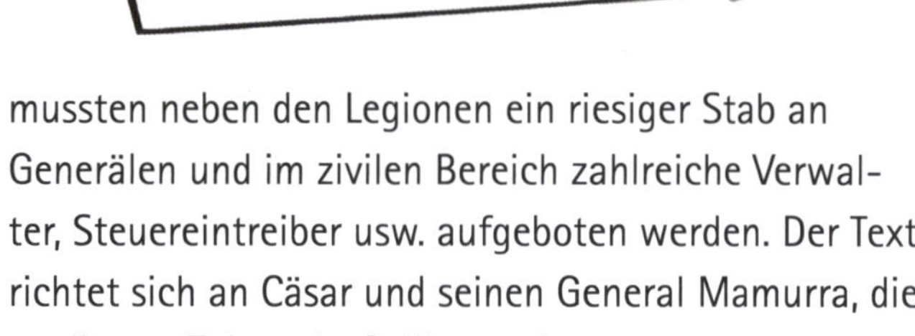

Zum Hintergrund des Gedichts: Cäsar eroberte 58–51 Gallien, um seine Macht zu vergrößern und seine desaströsen Finanzen zu sanieren. In der Öffentlichkeit stellte er seinen Sieg in den Dienst des Staates. Um diese Eroberung erfolgreich durchführen zu können, mussten neben den Legionen ein riesiger Stab an Generälen und im zivilen Bereich zahlreiche Verwalter, Steuereintreiber usw. aufgeboten werden. Der Text richtet sich an Cäsar und seinen General Mamurra, die zu diesem Zeitpunkt Gallien erobern.

Quis hoc potest videre, quis potest pati,
nisi impudicus et vorax et aleo,
Mamurram habere, quod Comata Gallia
habebat ante et ultima Britannia?
Cinaede Romule, haec videbis et feres?
Et ille nunc superbus et superfluens
perambulabit omnium cubilia
ut albulus columbus aut Adoneus?
Cinaede Romule, haec videbis et feres?
Es impudicus et vorax et aleo.
Eone nomine, imperator unice,
fuisti in ultima occidentis insula,
ut ista vestra diffututa mentula
ducenties comesset aut trecenties?
Quid est alid sinistra liberalitas?
Parum expatravit an parum elluatus est?
Paterna prima lancinata sunt bona,
secunda praeda Pontica, inde tertia
Hibera, quam scit amnis aurifer Tagus:
Nunc Galliae timetur et Britanniae.

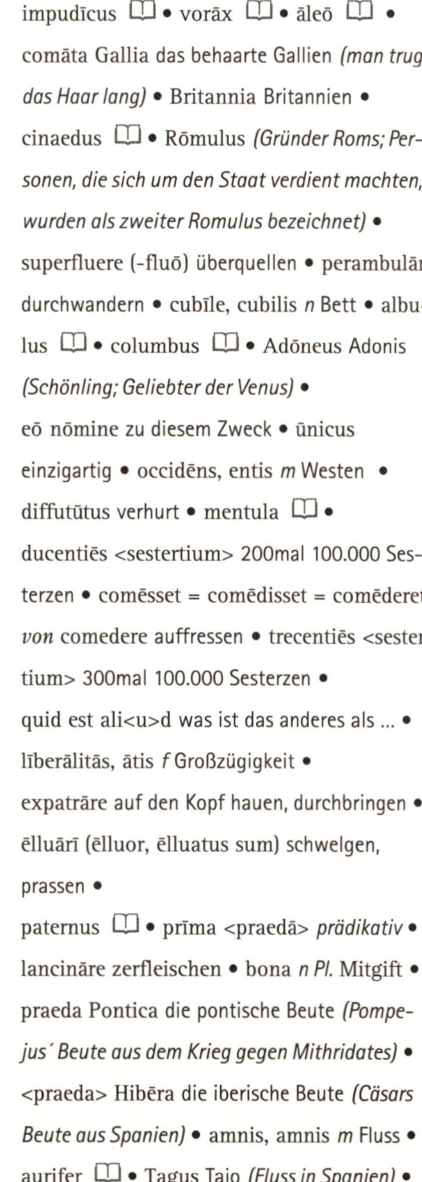
impudīcus 🕮 • vorāx 🕮 • āleō 🕮 • comāta Gallia das behaarte Gallien *(man trug das Haar lang)* • Britannia Britannien • cinaedus 🕮 • Rōmulus *(Gründer Roms; Personen, die sich um den Staat verdient machten, wurden als zweiter Romulus bezeichnet)* • superfluere (-fluō) überquellen • perambulāre durchwandern • cubīle, cubilis *n* Bett • albulus 🕮 • columbus 🕮 • Adōneus Adonis *(Schönling; Geliebter der Venus)* • eō nōmine zu diesem Zweck • ūnicus einzigartig • occidēns, entis *m* Westen • diffutūtus verhurt • mentula 🕮 • ducentiēs <sestertium> 200mal 100.000 Sesterzen • comēsset = comēdisset = comēderet *von* comedere auffressen • trecentiēs <sestertium> 300mal 100.000 Sesterzen • quid est ali<u>d was ist das anderes als ... • līberālitās, ātis *f* Großzügigkeit • expatrāre auf den Kopf hauen, durchbringen • ēlluārī (ēlluor, ēlluatus sum) schwelgen, prassen • paternus 🕮 • prīma <praedā> *prädikativ* • lancināre zerfleischen • bona *n Pl.* Mitgift • praeda Pontica die pontische Beute *(Pompejus' Beute aus dem Krieg gegen Mithridates)* • <praeda> Hibēra die iberische Beute *(Cäsars Beute aus Spanien)* • amnis, amnis *m* Fluss • aurifer 🕮 • Tagus Tajo *(Fluss in Spanien)* •

1 Quid hunc malum fovetis? Aut quid hic potest
nisi uncta devorare patrimonia?
Eone nomine, urbis opulentissime
4 socer generque, perdidistis omnia?

fovēre hätscheln • ūnctus fett • dēvorāre verschlingen • patrimōnium das Erbe • opulentus reich • socer, socerī *m* Schwiegervater • gener, generi *m* Schwiegersohn *(Pompejus heiratete Cäsars Tochter Julia)*

T2 Lies dir den Text mehrmals durch.

a) Erkläre anhand der Eigennamen, wer hier kritisiert wird.

b) Achte auf Sachfelder und Wiederholungen. Gliedere dann das Gedicht aufgrund der Personalendungen der Prädikate in vier Abschnitte.

Vers	Endung	Sachfeld / Wiederholungen	Textparaphrase

T3 Markiere im Text Satzarten jeweils mit verschiedenen Farben. Stelle Vermutungen an, weshalb die eine Satzart dominiert.

Ü1 Wortschatzarbeit

Ordne die passenden Bedeutungen zu. Beachte dabei, dass hier Adjektive als Nomen verwendet werden (können). Überarbeite dann gegebenenfalls deine Übersetzung.

impudicus	unzüchtig schamlos Wüstling	*vorax*	gefräßig Vielfraß raffgierig
cinaedus	Weichei Schlappschwanz Schwuchtel	*superfluens*	kraftstrotzend überquellend Muskelprotz

I1 Die Invektive

59 v. Chr. hat **C. Julius Cäsar** endlich das Konsulat inne und hat ein inoffizielles Bündnis (sog. 1. Triumvirat) mit dem erfolgreichen Feldherrn Pompejus und dem steinreichen Crassus geschlossen. Jetzt ist Cäsar hoch verschuldet und saniert sich skrupellos in Gallien. Das ist nichts Ungewöhnliches für die Zeit der späten Republik. Denken wir z.B. an Verres, den Cicero im Namen der Sizilianer im Jahre 70 v. Chr. erfolgreich anklagte, erhalten wir ein schillerndes Bild der Dekadenz, des Sittenverfalls und Amtsmissbrauchs. Im vorliegenden Gedicht meidet Catull die direkte Nennung des Namens Cäsar, namentlich am Pranger steht sein General Mamurra. Dieser kann sich als erster Römer ein marmorverkleidetes Haus leisten.

a) Bildgewaltig geht Catull gegen Mamurra und Cäsar vor. Vervollständige die Tabelle mit den entsprechenden lateinischen Textbelegen aus V. 1-14.

Eroberungen / Taten	Sexuelle Anspielungen	weitere Begriffe der Invektive

Die **Invektive** (lat. invehi „jemanden anfahren") bezeichnet eine in der Antike häufig vorkommende Schmährede oder -schrift. Die beabsichtigten Beleidigungen und öffentlichen Bloßstellungen können politische, aber auch persönliche Aspekte umfassen. Die namentlich genannte Persönlichkeit wird vor dem Hintergrund der jeweils geltenden Werte und Normen mit (fast) allen Mitteln herabgesetzt.

b) Fasse das Gedicht gegen Mamurra bzw. Cäsar und Pompejus zusammen. Berücksichtige dabei die Informationstexte.

c) Belege an drei ausgewählten Beispielen, mit welchen gestalterischen Mitteln das lyrische Ich seinen Angriff befeuert. Nutze bei Bedarf den Stilmittelfundus.

Akkumulation – Metapher – Anapher – Repetitio – Polysyndeton – Inversion – Ellipse – Hyperbel – Assonanz – Parallelismus – Trikolon – Alliteration – Personifikation

I2 Ein Kind der Zeit oder Totengräber? 

Der Untergang der Römischen Republik zeigt sich durch den Verlust der Werte und Traditionen wie virtus oder pietas. Einzelpersönlichkeiten wie Pompejus und Cäsar dominieren die Politik und manipulieren den Staat zum Ausbau der persönlichen Macht. Druck auf die Senatoren, Korruption bei den Wahlen und der Verteilung der Provinzen, die Missachtung des cursus honorum sind an der Tagesordnung. Die soziale Situation der unteren Schichten in Rom ist desolat, viele Menschen haben keine Arbeit und hungern. Dazu kommen junge Leute wie Catilina oder Clodius, die diese Lage ausnutzen und außerhalb der Legalität agieren. Mit ihren Straßenbanden terrorisieren sie die Bevölkerung und wollen ganz nach oben kommen. Die Möglichkeiten des Senats sind beschränkt. Immer mehr Mitglieder der oberen Schichten ziehen sich aus der Politik zurück.

a) Das lyrische Ich hält mit carmen 29 auch dem Staat, der gesamten späten Römischen Republik, einen Spiegel vor. Erläutere diese These.

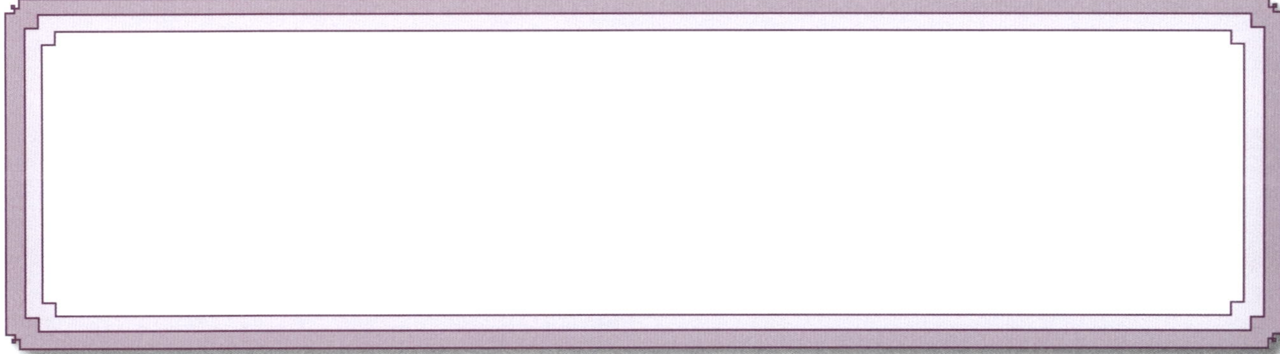

b) Catull ist sicher nicht leicht einzuordnen. Positioniere dich. Wähle eine der beiden Aufgaben.

Ein konservativer Senator, der bis zum letzten Atemzug die Werte des frühen Roms beschwört, sieht sicher auch in Catull einen Totengräber seiner Zeit. Schreibe aus dessen Sicht eine Invektive über den Dichter.

Freunde wie C. Licinius Crassus aus dem Dichterkreis der Neoteriker spitzen die Federn und verteidigen Catull in einem Gedicht als ein Kind seiner Zeit.

I3 Was nun, Julius Cäsar? 

2018 hat der türkische Staatspräsident Erdogan den deutschen Satiriker Jan Böhmermann wegen Beleidigung angeklagt. 50 v. Chr. stand Cäsar wohl vor einer ähnlichen Entscheidung, Catull vor Gericht zu zitieren oder die Sache auf sich beruhen zu lassen. Was würdest du Cäsar raten? Begründe deine Entscheidung – aus römischer und aus heutiger Sicht.

Text 4 Gegen das Establishment – carmen 93

T1 Verdeutliche, welche Meinung Cäsar bzw. Catull vom jeweils anderen haben, durch Emojis. Begründe.

Nil nimium studeo, Caesar, tibi velle placere,
nec scire, utrum sis albus an ater homo.

utrum...an ob...oder • albus 📖 • ater 📖

T2 **a)** Markiere die Formulierungen, die dir beim Lesen des Gedichts spontan auffallen.

b) Notiere lateinische Textbelege aus carmen 93 zu Cäsar und dem lyrischen Ich Catulls. Fasse zusammen, wie die beiden und ihr Verhältnis zueinander dargestellt werden.

Cäsar	Catull

Ü1 Verbformen

Bilde zu den zahlreichen Infinitiven des Gedichts jeweils die 1. Person Singular Präsens.

scire		placere		velle	

I1 Eindeutig zweideutig 🏛

a) Erläutere kurz, was du unter einem homo albus bzw. homo ater verstehst.

b) Catull gestaltet seine Invektive eindeutig zweideutig. Belege diese Aussage unter besonderer Berücksichtigung der sprachlich-stilistischen Gestaltung.

c) Vergleiche diese beiden Varianten des Textes und zeige ihre unterschiedliche Wirkung. Welche Variante ist dein Favorit? Begründe.

Nil nimium studeo, Caesar, tibi velle placere, nec scire, utrum sis albus an ater homo.	Nil nimium, studeo, Caesar, tibi velle placere, nec scire, utrum sis albus an ater homo.

I2 Catull – ein politischer Dichter?

a) Du hast jetzt schon zwei Gedichte von Catull über den damals mächtigsten Mann Roms, Cäsar, gelesen. Beurteile, ob Catull ein politischer Dichter ist. Was kritisiert Catull, was spricht er nicht an?

b) Formuliere eine Antwort Cäsars als Twitter-Nachricht.

I3 Auf den Spuren Catulls

Das **Epigramm** (griech. „Aufschrift") war ursprünglich eine Inschrift auf einem Weihegeschenk, einem Grabmal oder einem Kunstwerk, die lediglich der Bezeichnung des Gegenstands und dessen Bedeutung diente. Später wurden die Inschriften erweitert, indem man Gefühlen und Gedanken über die Bedeutung des Ereignisses in knappster Form Raum gab. In Rom pflegte man diese Dichtungsgattung ebenfalls, gab ihr aber durch eine satirische Ausprägung einen neuen Charakter. Der lateinische Dichter Ennius führte im 2. Jh. v. Chr. das elegische Distichon als Versmaß des Epigramms in die römische Dichtung ein. Im 1. Jh. v. Chr. entdeckten Autoren – unter ihnen auch Catull – die Liebe als Thema des Epigramms.
Typische Elemente des Epigramms sind sprachliche und formale Kürze, meist antithetischer Aufbau mit Spannung und Lösung und eine überraschende Schlusswendung.

Formuliere in einem Epigramm deine Haltung gegenüber einem Politiker – entweder zustimmend oder ablehnend. Vergleiche dann dein „Werk" mit dem von Catull und erkläre Ähnlichkeiten bzw. Unterschiede. Vielleicht gelingt dir sogar ein Epigramm im Versmaß?

Rhythmisierte Texte, wie die Neoteriker und auch Catull sie schrieben, beruhen auf der Lehre von der Quantität der Silben. Die lateinische Dichtung besitzt einen **quantitierenden Rhythmus** und unterscheidet in metrisch gebundenen Texten zwischen langen und kurzen Silben, während sich in der deutschen Dichtung eine regelmäßige Abfolge von betonten und unbetonten Silben findet (**akzentuierender Rhythmus**).

Metrik nennt man die Lehre vom rhythmisch gegliederten Vers. Eine sich regelmäßig wiederholende Einheit aus Längen und Kürzen heißt Metrum. Man unterscheidet meist zwischen vier Metren: Jambus, Trochäus, Daktylus und Anapäst. Verse in Metren einzuteilen, nennt man **skandieren**.

Liebeselegien wie die *Amores* des römischen Dichters Ovid verwenden das sogenannte **elegische Dístichon** (griech. „Zweizeiler"). Dabei alternieren ein **Hexameter** und ein **Pentameter**.

– ∪∪ | – ∪∪ | – ∪∪ | – ∪∪ | **– ∪∪** | – X (Hexameter)

⇑1 ⇑2 ⇑3

– ∪∪ | – ∪∪ | – || **– ∪∪** | **– ∪∪** | – X (Pentameter)

(Die fett gedruckten Metren sind feststehend.)

– ∪∪ Dáktylus
– – Spondeus
x anceps (kurz oder lang)

Zäsuren im Hexameter

(1) **Trithemimerés** (nach dem dritten halben Metrum), (2) **Penthemimerés** (nach dem fünften) oder (3) **Hephthemimerés** (nach dem siebenten).

Im elegischen Distichon sind die carmina 70, 85, 93 und 101 verfasst.

carmen 93

– ∪ ∪ – ∪ ∪ – | – – | ∪ ∪ – ∪ ∪ – X
Nil nimium studeo, Caesar, tibi velle placere
– – – – – | – ∪ ∪ – ∪ ∪ X
nec scire, utrum sis albus an ater homo.

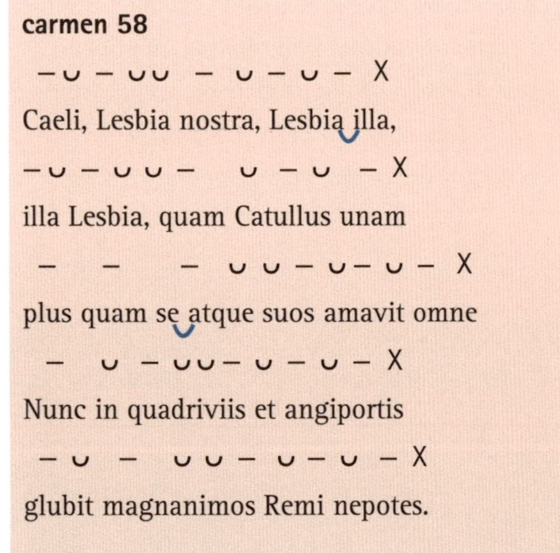

carmen 58

– ∪ – ∪∪ – ∪ – ∪ – X
Caeli, Lesbia nostra, Lesbia illa,
– ∪ – ∪ ∪ – ∪ – ∪ – X
illa Lesbia, quam Catullus unam
– – – ∪ ∪ – ∪ – ∪ – X
plus quam se atque suos amavit omne
– ∪ – ∪∪ – ∪ – ∪ – X
Nunc in quadriviis et angiportis
– ∪ – ∪ ∪ – ∪ – ∪ – X
glubit magnanimos Remi nepotes.

Von den im **Hendecasýllabus** (auch Elfsilber oder Phalaeceus) enthaltenen 11 Silben sind die 1. und 2. frei; es kann sich also ein Spondeus, Trochäus oder Jambus ergeben, ebenso ist die letzte Silbe anceps (kurz oder lang). Zäsuren finden sich nach der 5. und 6. Silbe.

X X – ∪ ∪ | – | ∪ – ∪ – X

⇑ ⇑

Die meisten carmina dieser Ausgabe sind in diesem Versmaß geschrieben: 1, 2, 5, 7, 9, 13, 49, 50 und 58.

In dieser Textausgabe kommen noch zwei weitere Versmaße vor. Beginnen wir mit dem **Jambischen Trimeter**, der aus 6 Jamben (◡ -) besteht. Er kommt nur in carmen 29 vor.

– – ◡ – ◡ – ◡ – ◡ – ◡ –
Quis hoc potest videre, quis potest pati,
– – ◡ – ◡ – ◡ – ◡ – ◡ –
nisi impudicus et vorax et aleo, ...

– – ◡ – – | – ◡ – ◡ – – X
Paene insularum, Sirmio, insularumque
◡ – ◡ – – | – ◡ – ◡ – – X
ocelle, quascumque in liquentibus stagnis
◡ – ◡ – – – ◡ – ◡ – – X
marique vasto fert uterque Neptunus, ...

In carmen 31 bietet Catull uns noch den **Hinkjambus** an.

I1 a) Skandiere ein Gedicht deiner Wahl. Versuche, es laut vorzulesen.

b) Vergleiche den Rhythmus mit dem Ausschnitt aus „Rap" von Curse.

Ey mach mal langsam, was is`n los?
Ich hör Leute sagen, ich hätt` Hip Hop verraten
und hätt` keinen Flow.
Ich glaub so langsam, ihr peilt es noch nicht.
Zeig mir einen MC, der so abwechslungsreich am Mic ist wie ich...

Text 5 Gegen das Establishment – carmen 49

Cicero, der berühmte römische Staranwalt und hochrangige Politiker, gerät in den Fokus von Catull.

Disertissime Romuli nepotum,
quot sunt quotque fuere, Marce Tulli,
quotque post aliis erunt in annis:
Gratias tibi maximas Catullus
agit, pessimus omnium poeta,
tanto pessimus omnium poeta,
quanto tu optimus omnium patronus.

disertus redegewandt • Rōmulus *(Gründer von Rom)* • quot wie viele • fuēre = fuērunt • Mārcus Tullius Cicerō •

patrōnus Verteidiger

T1 Catull versus Cicero

a) Lies den Text mehrmals. In welcher Form tritt der Dichter hier auf? Benenne einen möglichen Grund für diese Abweichung von den bisher gelesenen Gedichten.

b) Notiere aus dem Text die Angaben zu Cicero und Catull. Charakterisiere das Verhältnis der beiden.

Ü1 Komparation (Steigerung)

Trage die im Text vorkommenden Steigerungsformen ein und bilde die fehlenden Formen.

Positiv	Komparativ	Superlativ

Ü2 Die Einrückmethode

Wenn du lange und komplizierte Satzgefüge (Hypotaxen) übersetzen musst, ist es oft hilfreich, diese vor dem Übersetzen nach der „Einrückmethode" darzustellen. Wende diese für carmen 49 an.

Sammelfolie: Stilmittel

Catull ist besonders darauf bedacht, seine carmina stilistisch auszufeilen und seine Aussagen dadurch zu unterstreichen. Er verwendet in den Gedichten fast alle gängigen Stilmittel.

Akkumulation • Alliteration • Anapher • Antithese • Assonanz • Asyndeton • Chiasmus • Diminutivum • Ellipse • Euphemismus • Hendiadyoin • Homoioteleuton • Hyperbaton • Hyperbel • Inversion • Klimax • Lautmalerei (Onomatopoesie) • Litotes • Metapher • Parallelismus • Personifikation • Polysyndeton • Repetitio • rhetorische Frage • Trikolon • Vergleich ...

Aufgabe: Wähle acht Stilmittel aus, die besonders häufig vorkommen. Nenne zu diesen mehrere Textbeispiele (mit Angabe von carmen und Vers) und erläutere die Funktionsweise.

Name	Textbeispiele	Funktionsweise

Was löst der jeweilige Schwerpunkt bzw. das jeweilige carmen bei dir aus?

Stelle während oder nach der Lektüre Überlegungen an:

- Welches Gedicht fasziniert dich besonders?
- Welcher Schwerpunkt hat dich am meisten interessiert?
- Welches Gedicht gefällt dir gar nicht?
- Was erstaunt dich an dem Verhalten der Personen?
- Welcher Vers hat dich aufgrund seiner sprachlichen Gestaltung besonders beeindruckt?
- Welches Gedicht würdest du als besonders aktuell/modern bezeichnen?
- Welche Fragen an Catull hast du noch?

Notiere deine Gedanken rund um die jeweiligen Schwerpunkte. Du kannst auch Bilder oder eigene Zeichnungen einfügen.

Fülle anhand der Texte auch die angegebenen Sachfelder aus.

Gegen das Establishment

Hassen und Lieben

DICHTUNG und LITERATUR

HASSEN und LIEBEN

Es lebe das Individuum!

„Das Spektrum der Gefühle“

	positiv	neutral	negativ					
	FREUDE Fröhlichkeit, Glück, …	ÜBERRASCHUNG Erstaunen, …	WUT Entrüstung, …	EKEL	TRAURIGKEIT	FURCHT	SCHAM	EIFERSUCHT / NEID
c. 9								
c.101								
c. 2								
c. 5								
c. 7								
c. 58								
c. 70								
c. 85								

aus: C. Hild: Liebesgedichte als Wagnis. St. Ingbert 2013.

Im „alten“ Rom stieß Catull häufig auf Unverständnis und Ablehnung, wenn er Gefühle offen darlegte. In unserer Zeit sind wir dagegen bereit, an Gefühlen anderer teilzuhaben. Aber ganz so einfach ist das nicht: Jeder weiß, was ein Gefühl ist, bis er davon eine Definition geben soll. In der heutigen Forschung teilt man die verschiedenen Gefühle in drei Kategorien (positiv, neutral und negativ) ein, die dann näher bestimmt werden.

a) Fülle die in der Tabelle vorgegebenen Oberbegriffe mit weiteren Spezifizierungen (s. Beispiele).
b) Trage für die angegebenen carmina die Gefühle ein, die deiner Meinung nach vorkommen. Du kannst die Intensität durch + – +++ ausdrücken.
c) Werte deine Ergebnisse aus:
Wie wirken die geäußerten Empfindungen auf dich („normal“, übertrieben, …)? Wähle dazu einzelne Kategorien aus.
Hältst du die vom Dichter geschilderte Beziehung für nachvollziehbar – damals und heute?
d) Schreibe eine Notiz in deinen Facebook-Account. Könntest du dir vorstellen, mit Catull heute befreundet zu sein? Begründe deine Entscheidung.

Kompetenz-Checkpoints In Puncto

In Puncto I (nach Text 7 / carmen 9)

				Wiederholung
Texterschließung	😁	🙂	😮	
Ich kann verschiedene Methoden der Texterschließung anwenden.				S. 8 T1; 12 T2; 15 T2; 24 T2
Übersetzungsfragen				
Ich kann Verformen bestimmen, bilden und richtig übersetzen.				S. 18 Ü1; 25 Ü2
Ich kann die Funktion von ut-Sätzen unterscheiden und dementsprechend übersetzen.				S. 10 Ü2
Ich kann PC-Konstruktionen erkennen und passend übersetzen.				S. 10 Ü1; 27 Ü2
Ich kann Sachfelder zu verschiedenen Themen erstellen.				S.13 Ü1; 25 Ü1
Interpretation				
Ich kann traditionelle römische Werte definieren.				S. 4 I1; 11 I1; 17 I2
Ich kann unterschiedliche römische Persönlichkeiten charakterisieren und vergleichen.				S. 18 T2; 22 T1
Ich kann die sprachlich-stilistische Gestaltung eines Gedichtes erläutern und für die Interpretation nutzen.				S. 16 I1c; 18 I1; 27 I1 und 2
Ich kann Sachtexten Informationen entnehmen und für die Interpretation nutzen.				S. 4 I1; 11 I1; 13 I2; 16 I1; 17 I2; 23 I1; 25 I1
Ich kann Vorgaben zur römischen Metrik anwenden.				S. 20f.; 27 I2

Falls du nicht überall 😁 angekreuzt hast: Wiederhole die Aufgaben oder frage nach Zusatzmaterial.

In Puncto II (nach der Lektüre)

				Wiederholung
Texterschließung	😁	🙂	😮	
Ich kann lateinischen Texten zur Vorerschließung gezielt Informationen entnehmen.				S. 28 T1; 34 T1; 40 T2
Ich kann Gedichte mithilfe ausgewählter Methoden sinnvoll erschließen.				S. 32 T2; 34 T2; 38 T2; 39 T2; 40 T2
Übersetzungsfragen				
Ich kann Pronomina unterscheiden, bestimmen und richtig übersetzen.				S. 33 Ü1; 38 Ü1; 39 Ü1
Ich kann Hyperbata erkennen.				S. 29 Ü1; 36 Ü1
Ich kann syntaktische Konstruktionen erkennen und bestimmen.				S. 27 Ü2; 31 Ü1; 34 Ü1
Interpretation				
Ich kann Stilmittel erkennen, benennen und ihre Funktion erläutern.				S. 27 I1; 34 T2b; 37 I1a
Ich kann Vorgaben zur römischen Metrik anwenden, Verse skandieren und vortragen.				S. 29 I2; 39 I2
Ich kann antike Texte mit Rezeptionsdokumenten vergleichen.				S. 21; 31 I3; 35 I2; 41 I3; 43 I3
Ich kann Textzusammenhänge erschließen und in einen Interpretationszusammenhang stellen.				S. 19 I2; 29 I1; 33 I1; 35 I1; 37 I2; 39 I1; 41 I2 und 3

Falls du nicht überall 😁 angekreuzt hast: Wiederhole die Aufgaben oder frage nach Zusatzmaterial.

I1 Staranwalt zwischen den Stühlen

a) Zeige an drei Beispielen, inwiefern einzelne Aussagen in carmen 49 ironisch gemeint sind.

Marcus Tullius Cicero (106–43 v. Chr.) entstammte dem Ritterstand und durchlief neben seiner Tätigkeit als Anwalt in kürzester Zeit den cursus honorum, sodass er 63 v. Chr. das Konsulat innehatte. In diesem Jahr gelang es ihm, die Verschwörung des Catilina aufzudecken, sodass ihm der Titel pater patriae verliehen wurde. Allerdings musste er danach auf Veranlassung des Clodius ins Exil gehen, was ihm einen schweren Schlag versetzte. Nach seiner Rückkehr zog er sich aus der Politik zurück und widmete sich hauptsächlich philosophischen Schriften. Nach Cäsars Tod versuchte er die Republik zu retten, konnte aber dem Aufstieg Octavians nichts entgegensetzen. Er galt und gilt als redegewaltig, genial, witzig, gesellig, selbstverliebt, eitel, als Familienmensch, Workaholic, Philosoph, konservativer Politiker, ...

b) Thornton Wilder gibt in seinem Roman „Die Iden des März" (1948) Ciceros Position wieder. Dieser schreibt in einem (fiktiven) Brief an seinen Freund Atticus über das Geschenk eines Freundes. Erkläre, wie Cicero das Gedicht Catulls versteht.

Er hat mir einen Stoß Verse dieses Catullus geschickt, den du erwähnst. Ich kenne den jungen Mann bereits einige Zeit und eins der Gedichte ist sogar an mich gerichtet. Dieses Gedicht kenne ich seit einem Jahr, aber, bei den Göttern, ich weiß nicht recht, ob es in Bewunderung oder im Spott an mich gerichtet ist. Ich bin schon dankbar, daß er mich nicht einen Kuppler oder einen Langfinger nennt – scherzhafte Beinamen, denen wenige seiner Freunde entgehen. [...] Diese Gedichte sind zwar lateinisch, aber nicht römisch.

Wilder, T.: Die Iden des März. Frankfurt/M. 1960, S. 87f.

I2 Mit spitzem Griffel 

Graffiti wie große Spraytags an Fassaden oder auf Verkehrsmitteln gelten heute meist als Sachbeschädigung und Vandalismus. Doch in der Antike war das anders, Graffiti waren beliebt und allgegenwärtig an Häuserfassaden, Gräbern und Stadttoren, an öffentlichen Gebäuden, Läden, aber auch an Wohnhäusern. Häufig dienten sie auch der Wahlpropaganda.

Entwirf ausgehend von der Intention des Gedichtes ein Graffito zu einem polarisierenden Thema der Gegenwart wie z.B. Klimaschutz oder Konsum.

Text 6 Es lebe das Individuum! – carmen 13

T1 Glückwunsch, du erhältst eine Einladung zum Essen! Welche Informationen benötigst du?

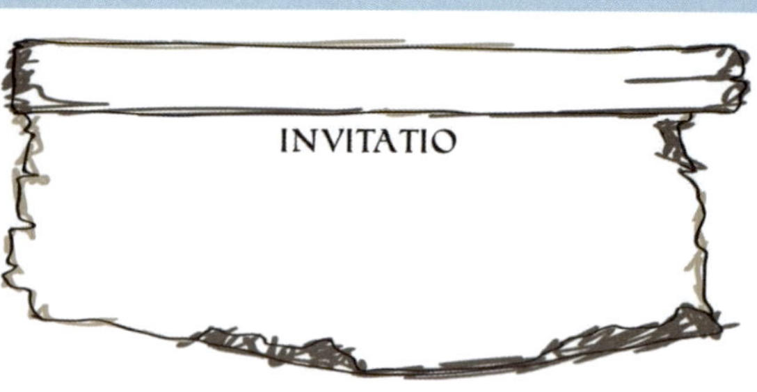

Cenabis bene, mi Fabulle, apud me
paucis, si tibi di favent, diebus,
si tecum attuleris bonam atque magnam
cenam, non sine candida puella
et vino et sale et omnibus cachinnis.
Haec si, inquam, attuleris, venuste noster,
cenabis bene: Nam tui Catulli
plenus sacculus est aranearum.
Sed contra accipies meros amores
seu quid suavius elegantiusve est:
Nam unguentum dabo, quod meae puellae
donarunt Veneres Cupidinesque,
quod tu cum olfacies, deos rogabis,
totum ut te faciant, Fabulle, nasum.

mi Fabulle mein Fabullus *(ein Freund Catulls)* • di = dei •

candidus liebenswert, reizend • sāl, salis *m* Salz, Witz • cachinnus gute Laune • venuste noster (*Vokativ*) mein Lieber •

sacculus Geldbeutel • arānea 🕮 • contra *Adv.* dagegen • merus rein, wahr • seu quid...est oder wenn es etwas...gibt • suāvis, e angenehm, lieblich • ēlegāns 🕮 • unguentum Salböl, Parfum • donārunt = donāvērunt • donāre schenken • Veneres Cupīdinesque Liebesgöttinnen und Liebesgötter •

olfacere (olfaciō) riechen • nāsus 🕮

T2 Eine Einladung (V. 1–8)

a) Lies den Text mehrmals und fülle dann (lateinisch) die Einladungskarte aus.

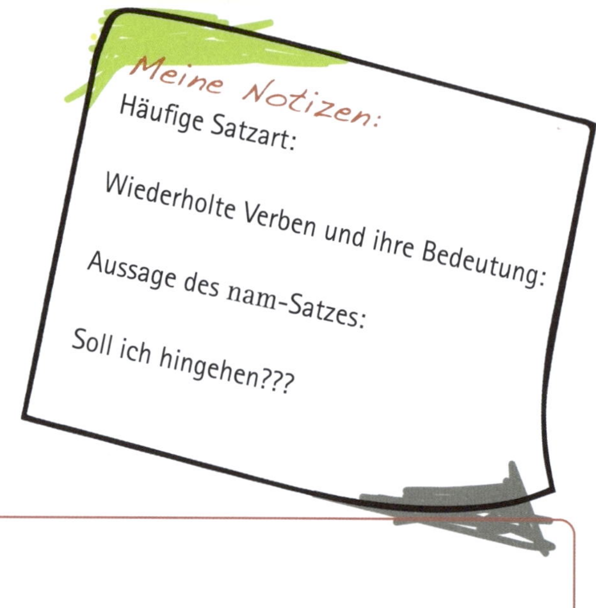

b) Was würdest du bei einer Party noch erwarten? Lies den Rest des Gedichts und schaue, ob sich deine Erwartungen erfüllen.

Ü1 Sachfelder

Ordne Begriffe aus dem Gedicht den passenden Sachfeldern zu.

Essen

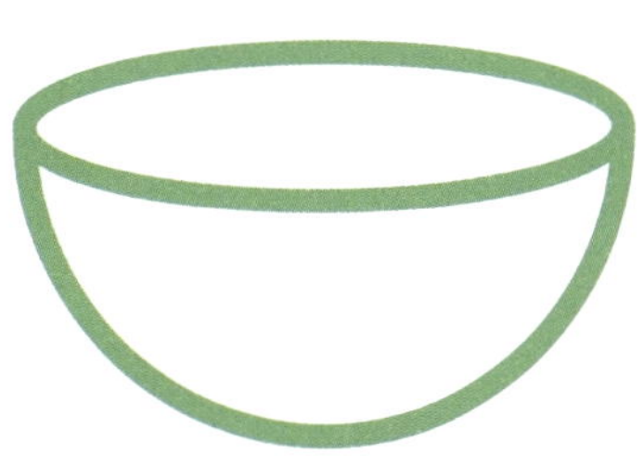

Sinnlichkeit

Ü2 Tempusbildung und Verwendung

Ordne die angegebenen Verbformen den passenden Parfumfläschchen zu.

cenabis • attuleris • inquam • accipies • dabo • dona(ve)runt • olfacies • rogabis

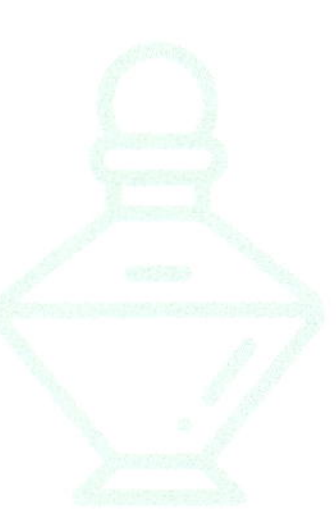

Futur I

Perfekt

Futur II

Wann soll die Party stattfinden? ______________________

I1 Sed contra ... (V. 9–14)

Duftöle und Salben zu verwenden gehörte für römische Frauen und Männer zum Alltag. Besonders zu Gastmählern erschien man parfümiert, aber häufig stellte auch der Gastgeber seinen Gästen teure Öle und Parfums zur Verfügung. Düfte aus Pflanzenölen wie Rosen, Lilien, Veilchen und Myrte waren noch erschwinglich, aber exotische Parfums aus dem Mittleren und Fernen Osten hatten einen hohen Preis, besonders wenn sie Nardenöl (importiert aus dem Himalaya) und Balsam (sirupartiges, ätherisches Öl bzw. Harz) enthielten. Auch auf die „Verpackung" kam es an. Luxuriöse Flakons, die häufig aus damals sehr teurem Glas bestanden, schmückten exklusive Parfums.

Vergleiche den Informationstext mit den Angaben von Catull. Erkläre Catulls ungewöhnliches Angebot.

I2 Dein unwiderstehliches Angebot

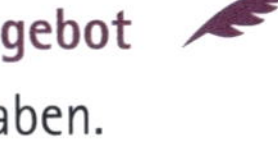

Wähle eine der beiden Aufgaben.

a) Überlege: Würdest du die Einladung annehmen? Wie würdest du auf eine solche Einladung reagieren? Was müsste für dich heute geboten werden, damit du die Einladung annimmst?

b) Formuliere und gestalte eine unwiderstehliche Einladung.

Text 7 Es lebe das Individuum! – carmen 9

Veranius, ein Freund Catulls, ist von einem langen Aufenthalt in Spanien zurückgekehrt, wo er eine Aufgabe im Heer oder in der Verwaltung wahrgenommen hat.

T1 Carl aus Nürnberg würde an seinen Freund Valentin in Hamburg in der gleichen Situation heute sicher nur schnell eine WhatsApp schicken.

Verani, omnibus e meis amicis
antistans mihi milibus trecentis,
venistine domum ad tuos penates
fratresque unanimos anumque matrem?
Venisti. O mihi nuntii beati!
Visam te incolumem audiamque Hiberum
narrantem loca, facta, nationes,
ut mos est tuus, applicansque collum
iucundum os oculosque suaviabor.
O quantum est hominum beatiorum,
quid me laetius est beatiusve?

antistare *m. Dat.* jemandem wichtig sein • mīlibus trecentīs *Abl. comp.* als 300.000 • penātēs, um *m Pl.* Hausgötter •

ūnanimus gleichgesinnt, einträchtig • anus, ūs *f* alte Frau •

vīsere erblicken, sehen • Hibēres, um *m. Pl.* Iberer *(Bewohner der spanischen Landschaft Hiberia)* •

applicāre hängen • suāviāri (suāvior) küssen • quantum *(mit Gen. part.)* est wie viel an ... es geben mag • quid wer oder was? • mē *Abl. comp.* als ich

T2 Unvorstellbares Glück

In drei Schritten stellt Catull seine Freude über die Rückkehr seines Freundes dar. Fülle folgende Tabelle (mit lateinischen Belegen) zur Erläuterung des Gedichtaufbaus aus. Berücksichtige auch das Tempus.

Gliederung / Überschrift	Aussageform	Pronomina	Aspekte	Wo befindet sich der Freund?
V. 1–5: Glück über die Heimkehr	Begrüßung: Verani; Anrede in Form einer Frage: venistine; Ausruf: O mihi nuntii beati ...		Bedeutung des Freundes	Ferne
V. 6–9:				
V. 10–11:				

Ü1 Wortschatz erschließen

Vervollständige die Tabelle.

	Die Vereinten ________ erlassen eine Resolution.	Stamm, Volk
collum	Damit schmückt sich die Dame von Welt. (________)	
oculus	Es befindet sich an jedem Mikroskop. (________)	

Ü2 Partizipialkonstruktionen

Vervollständige die Tabelle und erprobe verschiedene Übersetzungsmöglichkeiten.

Participium	Bezugswort	Übersetzungsmöglichkeiten
	Verani(us)	
narrantem		
	<ego>	

I1 Freude mit Stil

Auch stilistisch gibt Catull seiner großen Freude Ausdruck. Bezeichne die Zitate mit der richtigen Stilfigur und beschreibe die Wirkung.

V. 3 u. 5: venistine ... venisti	
V. 3 f.: penates – fratres – matrem	
V. 7: loca, facta, nationes	

I2 Wertschätzung

Ars metrica

Wie beim mündlichen Sprechen üblich, werden Vokale entweder zusammengezogen oder unterdrückt. Endet ein Wort auf einen Vokal und beginnt das nächste mit einem Vokal, so wird der erste auslautende Vokal unterdrückt. Dies nennt man Elision. Berücksichtigen muss man hier, dass h nicht als Buchstabe gilt. Ebenso muss man beachten, dass auslautendes -am, -em, -im und -um der Elision unterworfen ist. Eine „umgekehrte" Elision tritt ein, wenn das zweite Wort eine mit e beginnende Form von esse ist (z.B. magnum est; oppido est), dann wird das e nicht gesprochen.

a) Wende die Informationen zu den Elisionen auf das Gedicht an und beschreibe, welche Rückschlüsse auf die Freundschaft zwischen Veranius und lyrischem Ich sich ergeben.

b) Catull 2020 schreibt auf WhatsApp eine Nachricht an seinen Freund. Wie könnte diese aussehen?

Text 8 Es lebe das Individuum! – carmen 101

Der Bruder Catulls, so wird angenommen, ist um 60 v. Chr. in der Nähe von Troja gestorben. Einige Jahre später kommt Catull an das Grab seines Bruders, um ihm more parentum ein Totenopfer darzubringen. Bei den Römern war es wie bei uns üblich, Gräber der Verstorbenen regelmäßig zu besuchen, sie zu pflegen und zu schmücken. Im Februar fand das Fest der Parentalia statt, man opferte den Toten Weizen- und Salzkörner, Weizenfladen und Veilchen. Im Mai und Juni wurden die Rosalia, an denen die ersten Rosenblüten geopfert wurden, begangen.

Multas per gentes et multa per aequora vectus
advenio has miseras, frater, ad inferias,
ut te postremo donarem munere mortis
et mutam nequiquam alloquerer cinerem,
quandoquidem fortuna mihi tete abstulit ipsum,
heu, miser, indigne, frater adempte mihi!
Nunc tamen interea haec, prisco quae more parentum
tradita sunt tristi munere ad inferias,
accipe fraterno multum manantia fletu
atque in perpetuum, frater, ave atque vale!

advenire ad gelangen, kommen zu • īnferiae, arum *f* Grabmahl • mūnus mortis Grabspende *(v.a. durch Begießen des Grabes mit Öl oder Milch)* • mūtus stumm • nēquīquam vergeblich • alloqui ansprechen • quandōquidem da nun einmal • tēte *(verstärktes te)* • heu weh(e) • indīgnē *Adv.* auf ungerechte Weise • adimere (adimō, adēmī, adēmptum) entreißen, wegnehmen • priscus althergebracht • tristi mūnere als ein trauriges Geschenk • frāterno multum mānāntia fletū reichlich benetzt von den Tränen des Bruders • avē sei gegrüßt • valē leb wohl

T1 Lies das Gedicht mehrmals. Achte dabei auf Wiederholungen, Pronomina und Verbformen. Zeige, welche Situation vorliegt.

T2 Schreibe aus dem Text Vokabeln zum Sachfeld „Tod“ heraus. 

Ü1 Hyperbaton

Lateinische Dichtung ist gekennzeichnet durch das Versmaß und eine relativ freie Wortstellung. Häufig verwendet der Dichter bewusst das Hyperbaton. Verbinde die Hyperbata in jeweils gleichen Farben und markiere sie dann im Text.

mutam	prisco	multas	fraterno	postremo	miseras
inferias	gentes	fletu	munere	cinerem	more

I1 Heu frater ...

a) In sein Tagebuch notiert das lyrische Ich, was es seinem Bruder zum Abschied gerne noch gesagt hätte. Verfasse diesen Eintrag.

b) more parentum

Catull als Neoteriker lehnt überkommene Rituale eigentlich ab. In seinem Gedicht aber bezieht er sich ausdrücklich darauf. Bewerte, ob Catull nur ans Grab kommt, weil er seinen Eltern gehorchen will oder weil er echte Trauer zeigt.

I2 Überall Zeichen der Trauer

Bei dem Metrum des Gedichts handelt es sich um das elegische Distichon, das ursprünglich für Grabinschriften verwendet wurde. Skandiere die ersten beiden Verse des Gedichts. Zeige, welche Wirkung die verschiedenen Zäsuren und das Metrum haben.

Multas per gentes et multa per aequora vectus

advenio has miseras, frater, ad inferias,

I3 Trauerrituale heute?

Catull begibt sich in ein Bestattungsinstitut in deiner Stadt. Begründe, welche aktuellen Bestattungsrituale er für seinen Bruder auswählen würde.

Text 9 Es lebe das Individuum! – carmen 31

Sirmione (lat. Sirmio) auf einer Halbinsel am Gardasee (lat. lacus Benacus) ist Catulls Heimat.

T1 Formuliere kurz, worauf du dich besonders freust, wenn du nach Hause kommst.

Paene insularum, Sirmio, insularumque
ocelle, quascumque in liquentibus stagnis
marique vasto fert uterque Neptunus,
quam te libenter quamque laetus inviso,
vix mi ipse credens Thyniam atque Bithynos
liquisse campos et videre te in tuto.
O quid solutis est beatius curis,
cum mens onus reponit, ac peregrino
labore fessi venimus larem ad nostrum
desideratoque acquiescimus lecto?
Hoc est, quod unum est pro laboribus tantis.
Salve, o venusta Sirmio, atque ero gaude:
Gaudete vosque, lucidae lacus undae,
ridete, quidquid est domi cachinnorum!

paene īnsula Halbinsel • ocellus Augenstern • liquēns, ntis klar • stāgnum 🕮

vāstus weit • ferre *hier* beherrschen • uterque Neptūnus Neptun *(Gott der Meere und der Seen)* • quam wie • invīsere erblicken • mi = me • Thýnia Thynien *(das nördliche Bithynien)* • Bithýni campi bithynische Felder • līquisse = relīquisse • repōnere ablegen •

peregrīnus labor Anstrengung in der Fremde • fessus 🕮 • lār, is *m* Lar *(Schutzgott des Hauses)*, metonymisch für Haus acquiēscere ausruhen • hoc est,... tantis dies ist der einzige Lohn, der so große Mühen aufwiegt • salvē sei gegrüßt • venustus lieblich, reizend • erus 🕮 • lūcidus 🕮 • quidquid was auch immer • domī esse zur Verfügung stehen • cachinnus lautes Gelächter, gute Laune

T2 O mein Sirmio!

a) Lies den Text mehrmals durch. In welcher besonderen Form spricht Catull von seinem Zuhause? Markiere dazu im Text Pronomina und Verbformen und notiere Beispiele.

b) Notiere alle Begriffe, die zu den angegebenen „Sachfeldern" passen.

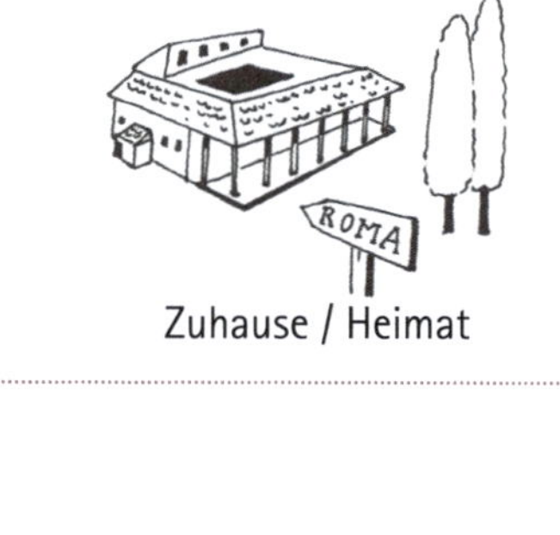

Zuhause / Heimat

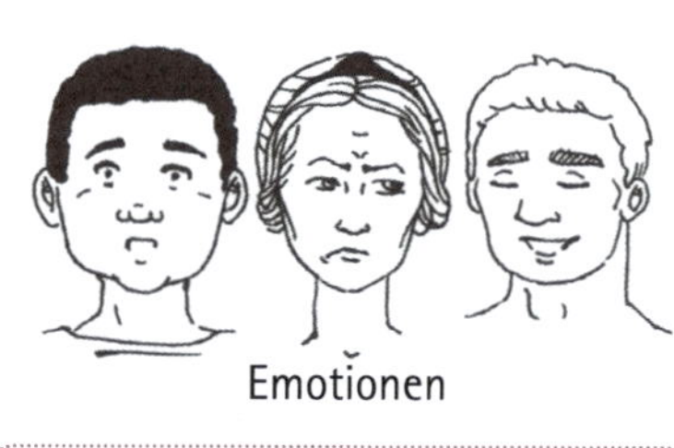
Emotionen

Ferne

Ü1 Kasussyntax

Bestimme die Kasus der fett gedruckten Ausdrücke und deren Funktion.

beatius **solutis curis**	fessi **peregrino labore**	acquiescemus **desiderato lecto**	**ero** gaude	undae **lacus**	quidquid **cachinnorum**

I1 Was passt am besten?

Bestimme aus dem Gedicht einzelne Motive, in denen das glückliche Ereignis der Heimkehr besonders deutlich wird. Catull hat hierzu viele Gegensatzpaare verwendet. Markiere die Paare, die für dich am passendsten erscheinen. Begründe deine Wahl mündlich.

Ferne – Nähe	Vergangenheit – Gegenwart	Vertrautheit – Fremdheit	Mühe – Ruhe	Meer – eigenes Bett	Sorge – Sorglosigkeit

I2 Sirmio patria

Es gibt in Sirmione Überreste einer römischen Villa, die aus der zweiten Hälfte des 1. Jh. v. Chr. stammen, deren Fundamente auf frühere Zeiten zurückgehen. Vielleicht sind sie aus dem Besitz von Catulls Familie?
Die Stadt Sirmione startet einen Wettbewerb, weil an den Resten der Villa eine Inschrift für Catull und sein Zuhause angebracht werden soll. Beteilige dich daran und entwirf eine (vielleicht auch gereimte) Inschrift.

I3 Loblied auf die Heimat 

Vergleiche Catulls Gedicht mit „Heimatlied" der Sportfreunde Stiller.

Es kommt mir hier so vor wie meilenentfernt
von draußen vor der Tür,
plötzlich so leicht, zuvor war alles schwer.
Es fließt hier, als wenn ich Smetanas Moldau hör.
Alles klingt zusammen wie bei einer Symphonie,
woanders gibt's das selten oder nie.
Denn hier bist du Mensch, hier darfst du's wirklich sein.
Und das Schöne daran ist, dass ich's jeden Tag sehen
Und das Schöne daran ist, dass ich's jederzeit bewundern kann.
Und das Schöne daran ist, dass es all das wirklich gibt.
Wer hätte das gedacht? – Es ist ein Heimatlied.

Text 10 Hassen und lieben – carmen 2

T1 Catull ist sehr verliebt. Er beobachtet Lesbia, als sie mit ihrem Haustier spielt. Notiere, welche Gefühle ihn dabei bewegen könnten.

Passer, deliciae meae puellae,
quicum ludere, quem in sinu tenere,
cui primum digitum dare appetenti
et acres solet incitare morsus,
cum desiderio meo nitenti
carum nescio quid libet iocari,
et solaciolum sui doloris –
credo, tum gravis acquiescet ardor:
Tecum ludere sicut ipsa possem
et tristes animi levare curas!

passer, eris *m* Spatz • dēliciae *f Pl.* Vergnügen; Liebling, Schatz • quīcum = quō-cum • lūdere 🕮 • sinus, ūs *m* Brust, Schoß • prīmus digitus Fingerspitze • incitāre anstacheln zu etwas • morsus 🕮

dēsīderium *(meint die* puella*)* ⍰ dēsīderāre • nitēre strahlen • cārum nescio quid iocārī irgendeinen lieben Scherz machen • sōlāciolum kleiner Trost acquiēscere zur Ruhe kommen • ārdor, ōris *m* Brand, Feuer, Liebesglut

levāre erleichtern, wegnehmen

T2 Beschrifte das Gemälde „Lesbia and Her Sparrow" von Sir E. J. Poynter mit im Text genannten Handlungen und Wertungen. Ordne diese entsprechend zu.

Ü1 Relativpronomen

Ordne die im Gedicht vorkommenden Relativpronomina den passenden Kasusnestern zu. Ergänze die fehlenden Pronomina.

Nom. (Sg. / Pl.)

Gen. (Sg. / Pl.)

Dat. (Sg. / Pl.)

Akk. (Sg. / Pl.)

Abl. (Sg. / Pl.)

Ü2 Semantik

Untersuche die Wortwahl des Gedichtes. Welche Begriffe kannst du in die Spalte „Tier", welche der „Liebe" zuordnen? Welche passen in beide Spalten?

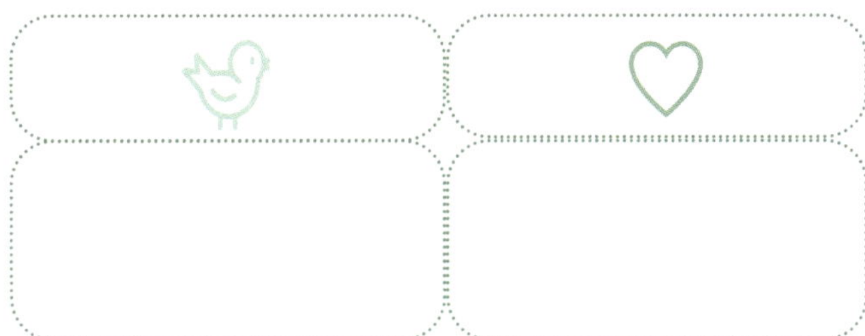

I1 Tierisch verliebt 

Haustiere im antiken Rom

Wie bei uns hielten auch die Römer Haustiere, die, wie einige Grabinschriften beweisen, eng in die Familie integriert waren. Am ehesten ist hier an den Hund zu denken. Beliebte Hausgenossen waren auch Katzen, Affen und Hasen. Vögel wie Gänse, Pfauen, Zierhühner, Papageien und Tauben waren ebenfalls sehr verbreitet. Nachtigallen und Amseln wurden zur Unterhaltung ihrer Besitzer gerne in Käfigen gehalten. Dazu gehörte auch der Spatz (passer) aus carmen 2, der eine leicht zu zähmende Blaudrossel (passer solitarius) gewesen sein dürfte.

a) Sieh dir noch einmal die Handlungen von puella und passer an. Beschreibe, was dir auffällt.

b) Lies den Informationstext und prüfe am Text, ob mit dem passer auch ein Rivale des lyrischen Ichs gemeint sein könnte.

I2 Someone like you

Liebe ist auch eines der häufigsten Themen in der Musik. Suche einen Song, der die Beziehung des lyrischen Ichs zu seiner Geliebten oder umgekehrt zum Ausdruck bringt. Begründe deine Auswahl.

Text 11 Hassen und lieben – carmen 5

T1 Vivamus, mea Lesbia, atque amemus –
Die erste Verszeile klingt verheißungsvoll.
Was glaubst du, wie geht das Gedicht weiter? Notiere.

T2 a) Lass dir den Text von deinem Lehrer oder deiner Lehrerin vorlesen und markiere sprachliche und klangliche Auffälligkeiten (z.B. Konjunktive, Zahlen).

Vivamus, mea Lesbia, atque amemus,
rumoresque senum severiorum
omnes unius aestimemus assis.
Soles occidere et redire possunt:
Nobis cum semel occidit brevis lux,
nox est perpetua una dormienda.
Da mi basia mille, deinde centum,
dein mille altera, dein secunda centum,
deinde usque altera mille, deinde centum.
Dein, cum milia multa fecerimus,
conturbabimus illa, ne sciamus
aut ne quis malus invidere possit,
cum tantum sciat esse basiorum.

Lesbia, ae *f* • rūmor, ōris *m* Gerede • sevērus streng, ernst •

ūnius aestimare assis für nicht mehr wert halten als ein As (*As = kleinste römische Münze*)

semel einmal • dormīre 🕮 •

mī = mihi • bāsium 🕮 • dein = deinde • altera *(Bezug zu* basia*)* weitere •

fēcerīmus *statt* fēcerimus •
conturbāre verwirren, durcheinanderbringen •

nē <ali>quis • invidēre beneiden •
tantum = tot

b) Gliedere den Text und notiere sprachlich-stilistische Gestaltungsmittel.

Verse	Inhaltsangabe	Sprachlich-stilistische Gestaltungsmittel

Ü1 Benenne und erkläre die grammatischen Besonderheiten und übersetze die Wortgruppen.

- da mi<hi> basia
- vivamus atque amemus
- <id> tot basiorum esse scit
- conturbabimus, ne sciamus
- nobis nox dormienda est
- cum milia multa fecerimus

I1 Vivamus atque amemus 

a) Hat sich deine Erwartung aus T1 erfüllt? Welche neuen Fragen ergeben sich für dich? Begründe.

b) Zähle die Küsse und überlege, weshalb das lyrische Ich hier derartige mathematische Fähigkeiten beweist. Interpreten haben verschiedene Ideen entwickelt. Wähle ein Stichwort aus und begründe. Hast du andere Ideen?

Todessehnsucht, Liebeszauber, Egoismus, Sexsucht, Verwirrung heimlicher Zuhörer, Männlichkeitswahn, Aberglauben ...

I2 „Lass uns leben" 

Der deutsche Rockmusiker Marius Müller-Westernhagen kannte offensichtlich seinen Catull.

Sie reden wieder mal vom Krieg
Träumen wieder mal vom Sieg
Schwärmen von vergangener Zeit
Was soll's, ich lebe

Rock'n'Roll stirbt wieder mal
Wir sind wieder hart wie Stahl
Die Familie ist gesund
Was soll's, ich lebe

Ja, ich lebe
Und ich lebe, immer mehr
Was soll's, ich lebe, ja ich lebe
Das Leben ist gar nicht so schwer

Und jetzt hab ich dich getroffen
Du bist drin in meinem Kopf
Ich hab mich heut Nacht besoffen
Weil ich dich liebe

Weil ich dich liebe
Weil ich dich liebe, immer mehr
Weil ich dich liebe, weil ich dich liebe
Zu lieben ist gar nicht so schwer

Bitte sei doch nicht gekränkt
Dass ich mir nicht mein Hirn verrenk
Was nun morgen wird aus uns
Komm, lass uns leben

Komm, lass uns leben
Komm, lass uns leben, immer mehr
Komm, lass uns leben, lass uns leben
Das Leben ist gar nicht so schwer

Komm, lass uns lieben, lass uns lieben
Lass uns lieben, immer mehr
Komm, lass uns lieben, lass uns lieben
Zu lieben ist gar nicht so schwer

a) Höre dir den Song auf YouTube an und notiere, was bei Catull und was bei Westernhagen besonders gelungen oder misslungen ist. Vergleiche die Texte.

b) Catull hört Westernhagen und schreibt einen Kommentar zum Song auf Twitter.

Text 12 Hassen und lieben – carmen 7

I quam magnus numerus Libyssae harenae
lasarpiciferis iacet Cyrenis
oraclum Iovis inter aestuosi
et Batti veteris sacrum sepulcrum

II quae nec pernumerare curiosi
possint nec mala fascinare lingua

III quaeris, quot mihi basiationes
tuae, Lesbia, sint satis superque

IV aut quam sidera multa, cum tacet nox,
furtivos hominum vident amores:

V tam te basia multa basiare
vesano satis et super Catullo est

aestuōsus heiß • bāsiāre 📖 • bāsiātiō 📖 • bāsium 📖 • Battus (*sagenhafter Gründer und König von Cyrene; angeblicher Vorfahre des Kallimachos*) • cūriōsus neugierig • Cyrēnae *f Pl.* Cyrene (*Stadt in Nordafrika; Geburtsort des Dichters Kallimachos, der für Catull ein Vorbild war*) • fascināre behexen (*durch Zaubersprüche*) • fūrtīvus heimlich • harēna Sand • Iūppiter, Iovis *m* Jupiter • lāsarpīciferus (*die Heilpflanze*) Lasarpicium tragend • Libyssus lybisch • ōrāc<u>lum (*berühmte Orakelstätte des Zeus Ammon in der Oase Siwa*) • pernumerāre zählen • quot wie viele • sepulcrum Grab(mal) • super *Adv.* darüber hinaus, mehr als das • vēsānus verrückt, wahnsinnig

T1 Textrekonstruktion

Catull ist bis über beide Ohren verliebt. So verliebt, dass er auf dem Weg zu seiner Geliebten über seine eigenen Füße fällt und ihm die Täfelchen mit seinem neuesten Gedicht auf den Boden fallen.

a) Markiere im Text alle Wörter zum Thema „Liebe", schreibe sie zu Catull. Ergänze weitere Begriffe zu einem Sachfeld.

b) Hilf dann Catull, seine Täfelchen wieder in die richtige Reihenfolge zu bringen, und begründe deine Entscheidung.

Ü1 Hyperbaton

a) Schreibe aus dem Text jeweils das entsprechende Bezugswort zu den Substantiven heraus. Beachte KNG.

b) Gib bei den Wortgruppen im Genitiv das Bezugswort an.

Cyrenis			lingua		
Iovis			amores		
Catullo			Batti		

Ü2 Monosemieren

Das Übersetzen des Gedichts ist unter anderem deswegen schwierig, weil sich viele lateinische Wörter nicht 1:1 übersetzen lassen. Finde eine passende Übersetzung für folgende Formulierungen.

basiationes tuae	
quam magnus numerus harenae	
furtivi amores	
basiationes satis superque sunt	

Ü3 Wortfamilie

I1 „Catullus in love?"

a) „Catullus in love?" Belege am Text. Berücksichtige die sprachlich-stilistische Gestaltung.

b) Stelle Bezüge zu carmen 5 her.

I2 Wann ist der Mann ein Mann?

a) Carmen 7 ist eines der bekanntesten Liebesgedichte der Literaturgeschichte, aber... Positioniere dich zu den Kommentaren. Formuliere selbst eine Aussage.

❤️❤️❤️❤️😍❤️❤️❤️❤️❤️
❤️❤️❤️😍😍😍😍😍😍😍😍

Immer kommen die besten Liebessongs von Männern und grad die sind es, die die Herzen brechen.

@brj4 Great poem!!! Should be subject in our AP Latin next year as well.

mein freund hat mir das geschickt ❤️😍 ich liebe dich so ❤️😘

Das ist doch einfach nur peinlich. Fremdschämen pur!

b) Formuliere weitere Kommentare, z.B. den eines Römers, der Catulls Gedicht bei einem convivium kennengelernt hat, oder einen von Lesbia. Lest euch die Kommentare vor und bestimmt den jeweiligen Verfasser.

Text 13 Hassen und lieben – carmen 58

T1 Der Hamburger Valentin hat SIE an der Alster gesehen und schickt sofort eine WhatsApp an seinen Freund Carl in Nürnberg. Verfasse den Text.

Caeli, Lesbia nostra, Lesbia illa,
illa Lesbia, quam Catullus unam
plus quam se atque suos amavit omnes,
nunc in quadriviis et angiportis
glubit magnanimi Remi nepotes.

Caelius (*Freund Catulls*)
ūnam *prädikativ*
quadrivium, ī *n* Kreuzung • angiportum, ī *n* enge Gasse • glūbere (glūbō) • māgnanimus • Remus (*Bruder des Stadtgründers*)

T2 Lass dir das Gedicht vorlesen und achte verstärkt auf Konnektoren. Gliedere dann den Text, indem du passende Überschriften findest. Vervollständige das Schema.

Verse	Überschrift	Konnektoren	Subjekte und Prädikate
V. 1–			

Ü1 Pronomina
Ordne zu.

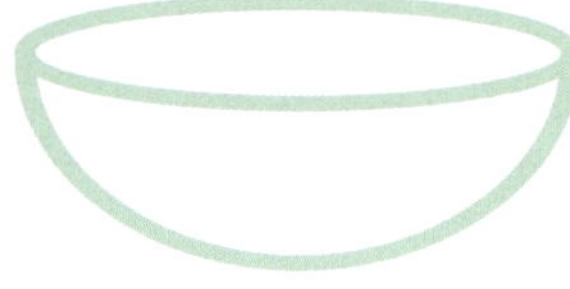
Possessivpronomen

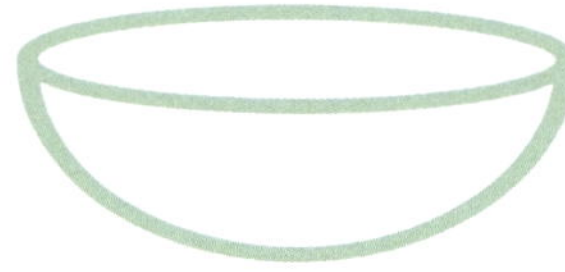
Relativpronomen

Demonstrativpronomen

Pronominaladjektiv

I1 Von Fall zu Fall
Entwirf einen Spannungsbogen. Ordne die entsprechenden Textaussagen zu. Begründe.

I2 Ein Liebesgedicht? 
a) Vergleiche deine WhatsApp aus T1 mit carmen 58.
b) Erläutere, ob carmen 58 für dich ein Liebesgedicht ist.

Text 14 Hassen und lieben – carmen 70

T1 Formuliere deine Erwartungen an einen Liebesschwur.

Nulli se dicit mulier mea nubere malle
quam mihi, non si se Iuppiter ipse petat.
Dicit: Sed mulier cupido quod dicit amanti,
in vento et rapida scribere oportet aqua.

nubere *m. Dat.* heiraten, sich hingeben
non si nicht einmal, wenn
amans, ntis *m* Liebhaber
rapidus reißend

T2 Lies das Gedicht mehrmals. Achte auf Wiederholungen und die Gliederung. Markiere diese im Text.

T3 Einige Interpreten haben das Epigramm mit einer Waage verglichen. Der Mittelpunkt des Gedichts (dicit, V.3) ist in die Abbildung bereits eingetragen. Beschrifte noch die Waagschalen mit lateinischen Textbelegen. Die abgebildete Waage zeigt ausgewogene Schalen. Trifft dies auf das Gedicht zu?

dicit

Ü1 Pronomina

Bestimme den Kasus der Pronomina aus V.1 und 2 und ihre grammatische Funktion im Satz.

nulli		mihi		se (V.1)	

I1 Wer ist schon Jupiter?

Mit **Jupiter** verbanden die Römer seine zahllosen Liebesaffären mit sterblichen Frauen (z.B. Europa, Leda, Alkmene). Seiner Frau Juno waren diese Techtelmechtel ein Dorn im Auge. Juno hatte den Beinamen „die Kuhäugige" bekommen, was in der Antike als Kompliment galt. Cicero bezeichnet Clodia / Lesbia fast ausschließlich als „kuhäugig".

Erkläre, welche Pointe das Gedicht dadurch erhält.

I2 Mit Stil

a) Haben sich deine Erwartungen aus T1 erfüllt? Begründe.

b) Formuliere ein Epigramm (siehe carmen 93) aus der Sicht von Catulla.

Text 15 Hassen und lieben – carmen 85

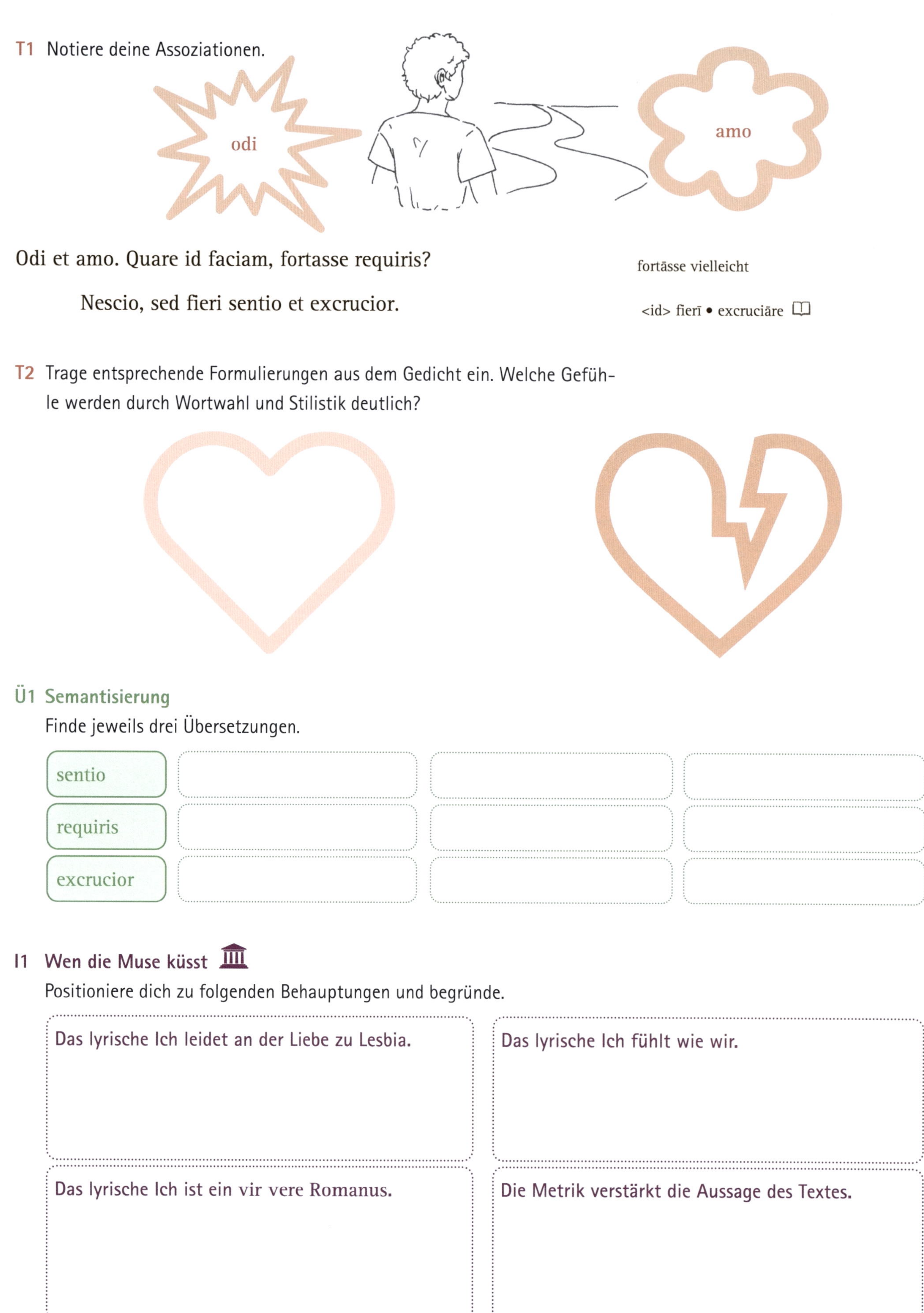

T1 Notiere deine Assoziationen.

Odi et amo. Quare id faciam, fortasse requiris?

Nescio, sed fieri sentio et excrucior.

fortāsse vielleicht

<id> fierī • excruciāre

T2 Trage entsprechende Formulierungen aus dem Gedicht ein. Welche Gefühle werden durch Wortwahl und Stilistik deutlich?

Ü1 Semantisierung

Finde jeweils drei Übersetzungen.

sentio			
requiris			
excrucior			

I1 Wen die Muse küsst

Positioniere dich zu folgenden Behauptungen und begründe.

Das lyrische Ich leidet an der Liebe zu Lesbia.	Das lyrische Ich fühlt wie wir.
Das lyrische Ich ist ein vir vere Romanus.	Die Metrik verstärkt die Aussage des Textes.

12 Meister aller Klassen 

Zahlreiche Übersetzungen belegen die Wirkung und die Aktualität des Textes. Wähle die Übersetzung, die dich am meisten überzeugt. Begründe deine Position unter Berücksichtigung von Inhalt und Form.

a) Hassen und lieben zugleich muss ich. – Wie das? – Wenn ich's wüsste!
Aber ich fühl's, und das Herz möchte ich zerreißen in mir.
Eduard Mörike, 1840

b) Ach, ich hasse und liebe. Du fragst, warum ich das tue.
Weiß nicht. Ich fühle nur: es geschieht und tut weh.
Max Brod, 1914

c) O, ich hasse und liebe! Weshalb ich es tue, du fragst's wohl.
Weiß nicht! Doch daß es geschieht, fühl' ich – unendlich gequält.
Otto Weinreich, 1960

d) Ich hasse und liebe. Warum ich das tue, fragst du vielleicht?
Ich weiß es nicht. Aber daß es geschieht, fühle ich, und ich leide Qualen.
Niklas Holzberg, 2009

13 Catullus vivus 

Tom Schilling & The Jazz Kids haben „Kein Liebeslied" für Lesbia geschrieben. Positioniere dich zu dieser Aussage.

Kein Liebeslied

Trink endlich aus. Und dann mach, dass du gehst.
Nimm dir den Koffer. Pack alles ein.
Und mach, dass du gehst.
Deine Sätze sind hohl. Deine Versprechen sind leer.
Und schön find ich dich
Schon seit Jahren nicht mehr.
Bild dir nicht ein, ich vermiss dich,
Wenn die Tür hinter dir schließt.

Bild dir nicht ein, ich glaub dir die Tränen,
Die du vergießt.
So herrlich wie du lügt kein Mensch
Auf der ganzen Welt.
Zu dir fällt mir nichts mehr ein.
Nur ein Lied, ich hoffe, es gefällt.
Aber das, aber das, aber das, aber das
Ist kein Liebeslied. Und schuld daran bist du.
Aber das, aber das, aber das, aber das
Ist kein Liebeslied. Und schuld daran bist du.

Heute Nacht wird geputzt, damit nichts von dir bleibt.
Keine Spur wird man finden.
Kein einziges Haar, weit und breit.
Und bin ich dann fertig.
Dann tanz ich, dann tanz ich nackt und im Kreis.
Ja, dann bin ich dich los
Und ich gröle mein Lied, damit's jeder weiß.

Aber das, ...

Schreiben zwischen Hass und Liebe II

I1 Hollywood lässt grüßen 

a) Catull and Lesbia forever? Sind die beiden eines dieser Liebespaare, die man nie vergisst? Diskutiert eure Positionen.

b) Catulls dramatische Beziehung zu Lesbia hätte in Hollywood sicher das Zeug zum Klassiker. Schreibe ein Drehbuch.

c) Die 100 schönsten Liebesfilme! Prüfe, welche Titel für einen Film über Catull und Lesbia passen und begründe. Du kannst natürlich für „deinen Film" auch einen eigenen Titel kreieren.

Die unerträgliche Leichtigkeit des Seins

Sinn und Sinnlichkeit

Verdammt in alle Ewigkeit

Vom Winde verweht

Im Netz der Leidenschaften

I2 Catull als Vorläufer der Liebeselegiker

C. Valerius Catullus gilt als Wegbereiter der römischen Liebeselegie.

Im Distichon verfasste Elegien haben in der griechischen Dichtung seit dem 8. Jh. v. Chr. eine lange Tradition. **Die römische Liebeselegie** entwickelte sich vor dem Hintergrund der späten römischen Republik, als Einzelpersönlichkeiten wie Pompejus und Cäsar die Macht im Staat für sich allein beanspruchten. Mit Beginn der Kaiserzeit vollendete Augustus den erzwungenen Rückzug vieler junger Patrizier und Ritter aus der aktiven Politik ins Privatleben. Als literarischen Protest gegen die degenerierten politischen Verhältnisse erschufen junge Autoren ab Mitte der 40er Jahre bis um die Zeitenwende in diesen Liebeselegien eine poetische Gegenwelt, in der traditionelle Werte umgedeutet wurden und die Liebe als ideale Lebensform erschien. Die tresviri amoris Properz, Tibull und Ovid postulierten in ihrer Welt folgende Grundelemente des elegischen Wertesystems:

- **I)** Ewige Liebe (foedus aeternum): Angestrebt wird die Liebe über den Tod hinaus.
- **II)** Liebe als Lebensform (v.a. militia amoris): Alternativ zum traditionellen cursus honorum oder zur Militärlaufbahn agiert der Elegiker als miles amoris (Soldat für die Liebe).
- **III)** Liebe als Sklavendienst (servitium amoris): Der sozial höher stehende Elegiker ordnet sich der puella wie ein Sklave unter.

a) Wähle aus dem Schwerpunkt „Hassen und Lieben" das carmen aus, das am ehesten Kriterien der Liebeselegie erfüllt. Begründe.

b) Und Catull heute? Regt er immer noch moderne Lyriker / Songwriter zu ihren Texten an? Nenne einige Titel, Zitate oder Autoren.

I3 Shakehands Catull

Der DDR-Dichter Günter Kunert hat wie viele Autoren in seinen Texten antike Motive aufgegriffen, um seine eigene Zeit zu kritisieren. Im vorliegenden Gedicht thematisiert er das Verhältnis des Dichters zur Macht.

a) Vergleiche die Darstellung von Cäsar und Catull in den von dir gelesenen Texten Catulls mit der bei Kunert. Berücksichtige den historischen Hintergrund.

Günter Kunert, „Shakehands Catull" (1961)

Er nannte jedes Ding bei seinem Namen
Und machte sich nicht viel aus dem Geschrei.
Und seine Kunst war hochbeliebt bei allen Damen
Von Rom bis in die ferne Lombardei.

Der große Caesar war ein größres Luder
Und bückte sich empor zu Macht und Ruhm.
Jedweder Reiche und jedweder warme Bruder
Konnt Caesarn kaufen samt dem Heldentum.

Die Senatoren, reich durch ihre Huren,
die sie verkauften der antiken Welt,
und die von einem Freudenhaus zum andern fuhren
und abkassierten das noch warme Geld,
Beherrschten Rom und seine Kolonien,
doch nicht Catull und dessen wilden Spott.
Er zeigte seine Zeitgenossen auf den Knien
Mit Venus ringend statt mit ihrem Gott.

Catull wies auf sie mit dem Zeigefinger
(den man zu andern Zwecken damals nahm).
Denn er war mutig und war selbst ein guter Springer,
bevor er, fremd in fremder Stadt, verkam.

b) Erläutere zwei für dich zentrale Aspekte.

c) Der Text von Kunert hat schon einige Jahre auf dem Buckel. Überlege, welche Einstellung zu modernen Themen (z.B. Diesel- und Kohlekrise, Migration, Erderwärmung, Lifestyle, ...) Catull einnehmen würde. Verfasse dazu einen Text, eine Collage oder ein Gedicht mit dem Titel „Shakehands Catull 2019".

14 Wer ist Catull? 

Catull nimmt als lyrisches Ich zahlreiche Rollen in seinen Gedichten ein. Du hast ihn u.a. als leidenschaftlichen Liebhaber von Lesbia, als neoterischen Dichter, als zornigen Gegner und als politischen Satiriker kennengelernt. Aber das sind nicht die einzigen Aspekte, die er uns in seinen carmina bietet.

a) Sieh dir dazu die einzelnen Schwerpunkte noch einmal an. Welche weiteren Aspekte, die die komplexe Persönlichkeit des lyrischen Ichs bzw. des Dichters ausmachen, lassen sich hier finden? Welche davon sind für dich besonders wichtig, beeindruckend …?

b) Entwirf für den Friedhof von Sirmione oder einen Ort deiner Wahl einen Grabstein für Catull.
Du kannst frei wählen:

- aus Sicht von Cäsar,
- aus Sicht von Lesbia,
- aus der Sicht seines jüngeren Bruders,
- aus Sicht seines Vaters
- oder aus deiner Sicht.

Statue des Catull in der Stadt Sirmione am südlichen Ufer des Gardasees